LA LÉGENDE

DES SIÈCLES

NOUVELLE SÉRIE

TOME I

VICTOR HUGO

LA LÉGENDE

DES SIÈCLES

NOUVELLE SÉRIE

TOME I

Cinquième édition

PARIS

CALMANN LÉVY, ÉDITEUR

ANCIENNE MAISON MICHEL LÉVY FRÈRES

M DCCC LXXVII

Tous droits réservés.

Le complément de la *Légende des Siècles* sera prochainement publié, à moins que la fin de l'auteur n'arrive avant la fin du livre.

V. H.

Paris, 26 février 1877.

LA VISION

D'OU EST SORTI CE LIVRE

LA VISION

D'OU EST SORTI CE LIVRE

*

J'eus un rêve : le mur des siècles m'apparut.

C'était de la chair vive avec du granit brut,
Une immobilité faite d'inquiétude,
Un édifice ayant un bruit de multitude,
Des trous noirs étoilés par de farouches yeux,
Des évolutions de groupes monstrueux,

De vastes bas-reliefs, des fresques colossales ;
Parfois le mur s'ouvrait et laissait voir des salles,
Des antres où siégeaient des heureux, des puissants,
Des vainqueurs abrutis de crime, ivres d'encens,
Des intérieurs d'or, de jaspe et de porphyre ;
Et ce mur frissonnait comme un arbre au zéphire ;
Tous les siècles, le front ceint de tours ou d'épis,
Étaient là, mornes sphinx sur l'énigme accroupis ;
Chaque assise avait l'air vaguement animée ;
Cela montait dans l'ombre ; on eût dit une armée
Pétrifiée avec le chef qui la conduit
Au moment qu'elle osait escalader la Nuit ;
Ce bloc flottait ainsi qu'un nuage qui roule ;
C'était une muraille et c'était une foule ;
Le marbre avait le sceptre et le glaive au poignet,
La poussière pleurait et l'argile saignait,
Les pierres qui tombaient avaient la forme humaine.
Tout l'homme, avec le souffle inconnu qui le mène,
Ève ondoyante, Adam flottant, un et divers,
Palpitaient sur ce mur, et l'être, et l'univers,
Et le destin, fil noir que la tombe dévide.
Parfois l'éclair faisait sur la paroi livide
Luire des millions de faces tout à coup.
Je voyais là ce Rien que nous appelons Tout ;
Les rois, les dieux, la gloire et la loi, les passages
Des générations à vau-l'eau dans les âges ;
Et devant mon regard se prolongeaient sans fin
Les fléaux, les douleurs, l'ignorance, la faim,

La superstition, la science, l'histoire,
Comme à perte de vue une façade noire.

Et ce mur, composé de tout ce qui croula,
Se dressait, escarpé, triste, informe. Où cela?
Je ne sais. Dans un lieu quelconque des ténèbres.

★

Il n'est pas de brouillards, comme il n'est point d'algèbres,
Qui résistent, au fond des nombres ou des cieux,
A la fixité calme et profonde des yeux;
Je regardais ce mur d'abord confus et vague,
Où la forme semblait flotter comme une vague,
Où tout semblait vapeur, vertige, illusion;
Et, sous mon œil pensif, l'étrange vision
Devenait moins brumeuse et plus claire, à mesure
Que ma prunelle était moins troublée et plus sûre.

VI — LA VISION

*

Chaos d'êtres, montant du gouffre au firmament !
Tous les monstres, chacun dans son compartiment ;
Le siècle ingrat, le siècle affreux, le siècle immonde ;
Brume et réalité ! nuée et mappemonde !
Ce rêve était l'histoire ouverte à deux battants ;
Tous les peuples ayant pour gradins tous les temps ;
Tous les temples ayant tous les songes pour marches ;
Ici les paladins et là les patriarches ;
Dodone chuchotant tout bas avec Membré ;
Et Thèbe, et Raphidim, et son rocher sacré
Où, sur les juifs luttant pour la terre promise,
Aaron et Hur levaient les deux mains de Moïse ;
Le char de feu d'Amos parmi les ouragans ;
Tous ces hommes, moitié princes, moitié brigands,
Transformés par la fable avec grâce ou colère,
Noyés dans les rayons du récit populaire,
Archanges, demi-dieux, chasseurs d'hommes, héros
Des Eddas, des Védas et des Romanceros ;
Ceux dont la volonté se dresse fer de lance ;

Ceux devant qui la terre et l'ombre font silence ;
Saül, David ; et Delphe, et la cave d'Endor
Dont on mouche la lampe avec des ciseaux d'or ;
Nemrod parmi les morts ; Booz parmi les gerbes ;
Des Tibères divins, constellés, grands, superbes,
Étalant à Caprée, au forum, dans les camps,
Des colliers que Tacite arrangeait en carcans ;
La chaîne d'or du trône aboutissant au bagne.
Ce vaste mur avait des versants de montagne.
O nuit ! rien ne manquait à l'apparition.
Tout s'y trouvait, matière, esprit, fange et rayon ;
Toutes les villes, Thèbe, Athènes, des étages
De Romes sur des tas de Tyrs et de Carthages ;
Tous les fleuves, l'Escaut, le Rhin, le Nil, l'Aar,
Le Rubicon disant à quiconque est césar :
— Si vous êtes encor citoyens, vous ne l'êtes
Que jusqu'ici. — Les monts se dressaient, noirs squelettes.
Et sur ces monts erraient les nuages hideux,
Ces fantômes traînant la lune au milieu d'eux.
La muraille semblait par le vent remuée ;
C'étaient des croisements de flamme et de nuée,
Des jeux mystérieux de clartés, des renvois
D'ombre d'un siècle à l'autre et du sceptre aux pavois,
Où l'Inde finissait par être l'Allemagne,
Où Salomon avait pour reflet Charlemagne ;
Tout le prodige humain, noir, vague, illimité ;
La liberté brisant l'immuabilité ;
L'Horeb aux flancs brûlés, le Pinde aux pentes vertes ;

VIII — LA VISION

Hicétas précédant Newton, les découvertes
Secouant leurs flambeaux jusqu'au fond de la mer,
Jason sur le dromon, Fulton sur le steamer;
La Marseillaise, Eschyle, et l'ange après le spectre;
Capanée est debout sur la porte d'Électre,
Bonaparte est debout sur le pont de Lodi;
Christ expire non loin de Néron applaudi.
Voilà l'affreux chemin du trône, ce pavage
De meurtre, de fureur, de guerre, d'esclavage;
L'homme-troupeau! cela hurle, cela commet
Des crimes sur un morne et ténébreux sommet,
Cela frappe, cela blasphème, cela souffre,
Hélas! et j'entendais sous mes pieds, dans le gouffre,
Sangloter la misère aux gémissements sourds,
Sombre bouche incurable et qui se plaint toujours.
Et sur la vision lugubre, et sur moi-même
Que j'y voyais ainsi qu'au fond d'un miroir blême,
La vie immense ouvrait ses difformes rameaux;
Je contemplais les fers, les voluptés, les maux.
La mort, les avatars et les métempsycoses,
Et dans l'obscur taillis des êtres et des choses
Je regardais rôder, noir, riant, l'œil en feu,
Satan, ce braconnier de la forêt de Dieu.

*

Quel titan avait peint cette chose inouïe?
Sur la paroi sans fond de l'ombre épanouie
Qui donc avait sculpté ce rêve où j'étouffais?
Quel bras avait construit avec tous les forfaits,
Tous les deuils, tous les pleurs, toutes les épouvantes,
Ce vaste enchaînement de ténèbres vivantes?
Ce rêve, et j'en tremblais, c'était une action
Ténébreuse entre l'homme et la création;
Des clameurs jaillissaient de dessous les pilastres;
Des bras sortant du mur montraient le poing aux astres;
La chair était Gomorrhe et l'âme était Sion;
Songe énorme! c'était la confrontation
De ce que nous étions avec ce que nous sommes;
Les bêtes s'y mêlaient, de droit divin, aux hommes,
Comme dans un enfer ou dans un paradis;
Les crimes y rampaient, de leur ombre grandis;
Et même les laideurs n'étaient pas malséantes
A la tragique horreur de ces fresques géantes.

Et je revoyais là le vieux temps oublié.
Je le sondais. Le mal au bien était lié
Ainsi que la vertèbre est jointe à la vertèbre.

Cette muraille, bloc d'obscurité funèbre,
Montait dans l'infini vers un brumeux matin.
Blanchissant par degrés sur l'horizon lointain,
Cette vision sombre, abrégé noir du monde,
Allait s'évanouir dans une aube profonde,
Et, commencée en nuit, finissait en lueur.

Le jour triste y semblait une pâle sueur ;
Et cette silhouette informe était voilée
D'un vague tournoiement de fumée étoilée.

*

Tandis que je songeais, l'œil fixé sur ce mur
Semé d'âmes, couvert d'un mouvement obscur

Et des gestes hagards d'un peuple de fantômes,
Une rumeur se fit sous les ténébreux dômes,
J'entendis deux fracas profonds, venant du ciel
En sens contraire au fond du silence éternel ;
Le firmament que nul ne peut ouvrir ni clore
Eut l'air de s'écarter.

*

              Du côté de l'aurore,
L'esprit de l'Orestie, avec un fauve bruit,
Passait ; en même temps, du côté de la nuit,
Noir génie effaré fuyant dans une éclipse,
Formidable, venait l'immense Apocalypse ;
Et leur double tonnerre à travers la vapeur,
A ma droite, à ma gauche, approchait, et j'eus peur
Comme si j'étais pris entre deux chars de l'ombre.

Ils passèrent. Ce fut un ébranlement sombre.

Et le premier esprit cria : Fatalité !
Le second cria : Dieu ! L'obscure éternité
Répéta ces deux cris dans ses échos funèbres.

Ce passage effrayant remua les ténèbres ;
Au bruit qu'ils firent, tout chancela ; la paroi
Pleine d'ombres, frémit ; tout s'y mêla ; le roi
Mit la main à son casque et l'idole à sa mitre ;
Toute la vision trembla comme une vitre,
Et se rompit, tombant dans la nuit en morceaux ;
Et quand les deux esprits, comme deux grands oiseaux,
Eurent fui, dans la brume étrange de l'idée,
La pâle vision reparut lézardée,
Comme un temple en ruine aux gigantesques fûts,
Laissant voir de l'abîme entre ses pans confus.

★

Lorsque je la revis, après que les deux anges
L'eurent brisée au choc de leurs ailes étranges,

Ce n'était plus ce mur prodigieux, complet,
Où le destin avec l'infini s'accouplait,
Où tous les temps groupés se rattachaient au nôtre,
Où les siècles pouvaient s'interroger l'un l'autre
Sans que pas un fît faute et manquât à l'appel ;
Au lieu d'un continent, c'était un archipel ;
Au lieu d'un univers, c'était un cimetière ;
Par places se dressait quelque lugubre pierre,
Quelque pilier debout, ne soutenant plus rien ;
Tous les siècles tronqués gisaient ; plus de lien ;
Chaque époque pendait démantelée ; aucune
N'était sans déchirure et n'était sans lacune ;
Et partout croupissaient sur le passé détruit
Des stagnations d'ombre et des flaques de nuit.
Ce n'était plus, parmi les brouillards où l'œil plonge,
Que le débris difforme et chancelant d'un songe,
Ayant le vague aspect d'un pont intermittent
Qui tombe arche par arche et que le gouffre attend,
Et de toute une flotte en détresse qui sombre ;
Ressemblant à la phrase interrompue et sombre
Que l'ouragan, ce bègue errant sur les sommets,
Recommence toujours sans l'achever jamais.

Seulement l'avenir continuait d'éclore
Sur ces vestiges noirs qu'un pâle orient dore,

XIV — LA VISION

Et se levait avec un air d'astre, au milieu
D'un nuage où, sans voir de foudre, on sentait Dieu.

De l'empreinte profonde et grave qu'a laissée
Ce chaos de la vie à ma sombre pensée,
De cette vision du mouvant genre humain,
Ce livre, où près d'hier on entrevoit demain,
Est sorti, reflétant de poëme en poëme
Toute cette clarté vertigineuse et blême;
Pendant que mon cerveau douloureux le couvait,
La légende est parfois venue à mon chevet,
Mystérieuse sœur de l'histoire sinistre;
Et toutes deux ont mis leur doigt sur ce registre.

Et qu'est-ce maintenant que ce livre, traduit
Du passé, du tombeau, du gouffre et de la nuit?
C'est la tradition tombée à la secousse
Des révolutions que Dieu déchaîne et pousse;

« Ce qui demeure après que la terre a tremblé ;
Décombre où l'avenir, vague aurore, est mêlé ;
C'est la construction des hommes, la masure
Des siècles, qu'emplit l'ombre et que l'idée azure,
L'affreux charnier-palais en ruine, habité
Par la mort et bâti par la fatalité,
Où se posent pourtant parfois, quand elles l'osent,
De la façon dont l'aile et le rayon se posent,
La liberté, lumière, et l'espérance, oiseau ;
C'est l'incommensurable et tragique monceau,
Où glissent, dans la brèche horrible, les vipères
Et les dragons, avant de rentrer aux repaires,
Et la nuée avant de remonter au ciel ;
Ce livre, c'est le reste effrayant de Babel ;
C'est la lugubre Tour des Choses, l'édifice
Du bien, du mal, des pleurs, du deuil, du sacrifice,
Fier jadis, dominant les lointains horizons,
Aujourd'hui n'ayant plus que de hideux tronçons,
Épars, couchés, perdus dans l'obscure vallée ;
C'est l'épopée humaine, âpre, immense, — écroulée.

Guernesey. — Avril 1857.

LA
LÉGENDE DES SIÈCLES

I

LA TERRE

LA TERRE

HYMNE

—

Elle est la terre, elle est la plaine, elle est le champ.
Elle est chère à tous ceux qui sèment en marchant;
  Elle offre un lit de mousse au pâtre ;
Frileuse, elle se chauffe au soleil éternel,
Rit, et fait cercle avec les planètes du ciel
  Comme des sœurs autour de l'âtre.

Elle aime le rayon propice aux blés mouvants,
Et l'assainissement formidable des vents,
    Et les souffles, qui sont des lyres,
Et l'éclair, front vivant qui, lorsqu'il brille et fuit,
Tout ensemble épouvante et rassure la Nuit
    A force d'effrayants sourires.

Gloire à la terre! Gloire à l'aube où Dieu paraît!
Au fourmillement d'yeux ouverts dans la forêt,
    Aux fleurs, aux nids que le jour dore!
Gloire au blanchissement nocturne des sommets!
Gloire au ciel bleu qui peut, sans s'épuiser jamais,
    Faire des dépenses d'aurore!

La terre aime ce ciel tranquille, égal pour tous,
Dont la sérénité ne dépend pas de nous,
    Et qui mêle à nos vils désastres,
A nos deuils, aux éclats de rires effrontés,
A nos méchancetés, à nos rapidités,
    La douceur profonde des astres.

La terre est calme auprès de l'océan grondeur ;
La terre est belle ; elle a la divine pudeur
    De se cacher sous les feuillages ;
Le printemps son amant vient en mai la baiser ;
Elle envoie au tonnerre altier pour l'apaiser
    La fumée humble des villages.

Ne frappe pas, tonnerre. Ils sont petits, ceux-ci.
La terre est bonne ; elle est grave et sévère aussi ;
    Les roses sont pures comme elle ;
Quiconque pense, espère et travaille lui plaît ;
Et l'innocence offerte à tout homme est son lait,
    Et la justice est sa mamelle.

La terre cache l'or et montre les moissons ;
Elle met dans le flanc des fuyantes saisons
    Le germe des saisons prochaines,
Dans l'azur les oiseaux qui chuchotent. aimons !
Et les sources au fond de l'ombre, et sur les monts
    L'immense tremblement des chênes.

L'harmonie est son œuvre auguste sous les cieux ;
Elle ordonne aux roseaux de saluer, joyeux
    Et satisfaits, l'arbre superbe ;
Car l'équilibre, c'est le bas aimant le haut ;
Pour que le cèdre altier soit dans son droit, il faut
    Le consentement du brin d'herbe.

Elle égalise tout dans la fosse ; et confond
Avec les bouviers morts la poussière que font
    Les Césars et les Alexandres ;
Elle envoie au ciel l'âme et garde l'animal ;
Elle ignore, en son vaste effacement du mal,
    La différence de deux cendres.

Elle paie à chacun sa dette, au jour la nuit,
A la nuit le jour, l'herbe aux rocs, aux fleurs le fruit ;
    Elle nourrit ce qu'elle crée,
Et l'arbre est confiant quand l'homme est incertain ;
O confrontation qui fait honte au destin,
    O grande nature sacrée !

Elle fut le berceau d'Adam et de Japhet,
Et puis elle est leur tombe ; et c'est elle qui fait
  Dans Tyr qu'aujourd'hui l'on ignore,
Dans Sparte et Rome en deuil, dans Memphis abattu,
Dans tous les lieux où l'homme a parlé, puis s'est tu,
  Chanter la cigale sonore.

Pourquoi? Pour consoler les sépulcres dormants.
Pourquoi? Parce qu'il faut faire aux écroulements
  Succéder les apothéoses,
Aux voix qui disent Non les voix qui disent Oui,
Aux disparitions de l'homme évanoui
  Le chant mystérieux des choses.

La terre a pour amis les moissonneurs ; le soir,
Elle voudrait chasser du vaste horizon noir
  L'âpre essaim des corbeaux voraces,
A l'heure où le bœuf las dit : Rentrons maintenant;
Quand les bruns laboureurs s'en reviennent traînant
  Les socs pareils à des cuirasses.

Elle enfante sans fin les fleurs qui durent peu ;
Les fleurs ne font jamais de reproches à Dieu ;
  Des chastes lys, des vignes mûres,
Des myrtes frissonnant au vent, jamais un cri
Ne monte vers le ciel vénérable, attendri
  Par l'innocence des murmures.

Elle ouvre un livre obscur sous les rameaux épais ;
Elle fait son possible ; et prodigue la paix
  Au rocher, à l'arbre, à la plante,
Pour nous éclairer, nous, fils de Cham et d'Hermès,
Qui sommes condamnés à ne lire jamais
  Qu'à de la lumière tremblante.

Son but, c'est la naissance et ce n'est pas la mort ;
C'est la bouche qui parle et non la dent qui mord ;
  Quand la guerre infâme se rue
Creusant dans l'homme un vil sillon de sang baigné,
Farouche, elle détourne un regard indigné
  De cette sinistre charrue.

Meurtrie, elle demande aux hommes : A quoi sert
Le ravage? Quel fruit produira le désert?
  Pourquoi tuer la plaine verte?
Elle ne trouve pas utiles les méchants,
Et pleure la beauté virginale des champs
  Déshonorés en pure perte.

La terre fut jadis Cérès, Alma Cérès,
Mère aux yeux bleus des blés, des prés et des forêts ;
  Et je l'entends qui dit encore :
Fils, je suis Démèter, la déesse des dieux ;
Et vous me bâtirez un temple radieux
  Sur la colline Callichore.

II

SUPRÉMATIE

SUPRÉMATIE

Lorsque les trois grands dieux eurent dans un cachot
Mis les démons, chassé les monstres de là-haut,
Oté sa griffe à l'hydre, au noir dragon son aile,
Et sur ce tas hurlant fermé l'ombre éternelle,
Laissant grincer l'enfer, ce sépulcre vivant,
Ils vinrent tous les trois, Vâyou, le dieu du Vent,

Agni, dieu de la Flamme, Indra, dieu de l'Espace,
S'asseoir sur le zénith, qu'aucun mont ne dépasse,
Et se dirent, ayant dans le ciel radieux
Chacun un astre au front : Nous sommes les seuls dieux!

Tout à coup devant eux surgit dans l'ombre obscure
Une lumière ayant les yeux d'une figure.

Ce que cette lumière était, rien ne saurait
Le dire, et, comme brille au fond d'une forêt
Un long rayon de lune en une route étroite,
Elle resplendissait, se tenant toute droite.
Ainsi se dresse un phare au sommet d'un récif.
C'était un flamboiement immobile, pensif,
Debout.

   Et les trois dieux s'étonnèrent.

          Ils dirent :
Qu'est ceci?

Tout se tut et les cieux attendirent.

— Dieu Vâyou, dit Agni, dieu Vâyou, dit Indra,
Parle à cette lumière. Elle te répondra.
Crois-tu que tu pourrais savoir ce qu'elle est?

— Certes,
Dit Vâyou. Je le puis.

Les profondeurs désertes
Songeaient; tout fuyait, l'aigle ainsi que l'alcyon.

Alors Vâyou marcha droit à la vision.
— Qu'es-tu? cria Vâyou, le dieu fort et suprême.
Et l'apparition lui dit : — Qu'es-tu toi-même?
Et Vâyou dit : — Je suis Vâyou, le dieu du Vent.
— Et qu'est-ce que tu peux?

— Je peux, en me levant,
Tout déplacer, chasser les flots, courber les chênes,
Arracher tous les gonds, rompre toutes les chaînes,
Et si je le voulais, d'un souffle, moi Vâyou,
Plus aisément qu'au fleuve on ne jette un caillou
Ou que d'une araignée on ne crève les toiles,
J'emporterais la terre à travers les étoiles.

L'apparition prit un brin de paille et dit :
— Emporte ceci.

Puis, avant qu'il répondît,
Elle posa devant le dieu le brin de paille.

Alors, avec des yeux d'orage et de bataille,
Le dieu Vâyou se mit à grandir jusqu'au ciel,
Il troua l'effrayant plafond torrentiel,
Il ne fut plus qu'un monstre ayant partout des bouches,
Pâle, il démusela les ouragans farouches
Et mit en liberté l'âpre meute des airs ;
On entendit mugir le semoun des déserts
Et l'aquilon qui peut, par-dessus les épaules

Des montagnes, pousser l'océan jusqu'aux pôles;
Vâyou, géant des vents, immense, au-dessus d'eux
Plana, gronda, frémit et rugit, et, hideux,
Remua les profonds tonnerres de l'abîme;
Tout l'univers trembla de la base à la cime
Comme un toit où quelqu'un d'affreux marche à grands pas.

Le brin de paille aux pieds du dieu ne bougea pas.

Le dieu s'en retourna.

— Dieu du vent, notre frère,
Parle, as-tu pu savoir ce qu'est cette lumière?

Et Vâyou répondit aux deux autres dieux : — Non.

— Agni, dit Indra; frère Agni, mon compagnon,
Dit Vâyou, pourrais-tu le savoir, toi?

— Sans doute,
Dit Agni.

Le dieu rouge, Agni, que l'eau redoute,
Et devant qui médite à genoux le Bouddha,
Alla vers la clarté sereine et demanda :
— Qu'es-tu, clarté ?

— Qu'es-tu toi-même ? lui dit-elle.

— Le dieu du Feu.

— Quelle est ta puissance ?

— Elle est telle
Que, si je veux, je puis brûler le ciel noirci,
Les mondes, les soleils, et tout.

— Brûle ceci,
Dit la clarté, montrant au dieu le brin de paille.

Alors, comme un bélier défonce une muraille,
Agni, frappant du pied, fit jaillir de partout
La flamme formidable, et, fauve, ardent, debout,
Crachant des jets de lave entre ses dents de braise,

Fit sur l'humble fétu crouler une fournaise ;
Un soufflement de forge emplit le firmament ;
Et le jour s'éclipsa dans un vomissement
D'étincelles, mêlé de tant de nuit et d'ombre
Qu'une moitié du ciel en resta longtemps sombre ;
Ainsi bout le Vésuve, ainsi flambe l'Hékla ;
Lorsqu'enfin la vapeur énorme s'envola,
Quand le dieu rouge Agni, dont l'incendie est l'âme,
Eut éteint ce tumulte effroyable de flamme
Où grondait on ne sait quel monstrueux soufflet,
Il vit le brin de paille à ses pieds, qui semblait
N'avoir pas même été touché par la fumée.

Le dieu s'en revint.

          — Dieu du feu, force enflammée,
Quelle est cette lumière enfin? Sais-tu son nom?
Dirent les autres dieux.

          Agni répondit : Non.

— Indra, dit Vâyou ; frère Indra, dit Agni, sage !
Roi ! dieu ! qui, sans passer, de tout vois le passage,
Peux-tu savoir, ô toi dont rien ne se perdra,
Ce qu'est cette clarté qui nous regarde?

                              Indra
Répondit : — Oui.

              Toujours droite, la clarté pure
Brillait, et le dieu vint lui parler.

                              — O figure,
Qu'es-tu? dit Indra, d'ombre et d'étoiles vêtu.
Et l'apparition dit : — Toi-même, qu'es-tu?
Indra lui dit : — Je suis Indra, dieu de l'Espace.
— Et quel est ton pouvoir, dieu?

                              — Sur sa carapace
La divine tortue, aux yeux toujours ouverts,
Porte l'éléphant blanc qui porte l'univers.
Autour de l'univers est l'infini. Ce gouffre
Contient tout ce qui vit, naît, meurt, existe, souffre
Règne, passe ou demeure, au sommet, au milieu,
En haut, en bas, et c'est l'espace, et j'en suis dieu
Sous moi la vie obscure ouvre tous ses registres;
Je suis le grand voyant des profondeurs sinistres;
Ni dans les bleus édens, ni dans l'enfer hagard,
Rien ne m'échappe, et rien n'est hors de mon regard;
Si quelque être pour moi cessait d'être visible,
C'est lui qui serait dieu, pas nous; c'est impossible.

SUPRÉMATIE.

Étant l'énormité, je vois l'immensité;
Je vois toute la nuit et toute la clarté;
Je vois le dernier lieu, je vois le dernier nombre,
Et ma prunelle atteint l'extrémité de l'ombre;
Je suis le regardeur infini. Dans ma main
J'ai tout, le temps, l'esprit, hier, aujourd'hui, demain.
Je vois les trous de taupe et les gouffres d'aurore,
Tout! et, là même où rien n'est plus, je vois encore.
Depuis l'azur sans borne où les cieux sur les cieux
Tournent comme un rouage aux flamboyants essieux,
Jusqu'au néant des morts auquel le ver travaille,
Je sais tout! je vois tout!

— Vois-tu ce brin de paille?
Dit l'étrange clarté d'où sortait une voix.
Indra baissa la tête et cria : — Je le vois.
Lumière, je te dis que j'embrasse tout l'être;
Toi-même, entends-tu bien, tu ne peux disparaître
De mon regard, jamais éclipsé ni décru!

A peine eut-il parlé qu'elle avait disparu.

III

ENTRE GÉANTS ET DIEUX

LE GÉANT, AUX DIEUX

LE GÉANT.

Un mot. Si par hasard il vous venait l'idée
Que cette herbe où je dors, de rosée inondée,
Est faite pour subir n'importe quel pied nu,
Et que ma solitude est au premier venu,
Si vous pensiez entrer dans l'ombre où je séjourne
Sans que ma grosse tête au fond des bois se tourne,

Si vous vous figuriez que je vous laisserais
Tout déranger, percer des trous dans mes forêts,
Ployer mes vieux sapins et casser mes grands chênes,
Mettre à la liberté de mes torrents des chaînes,
Chasser l'aigle, et marcher sur mes petites fleurs ;
Que vous pourriez venir faire les enjôleurs
Chez les nymphes des bois qui ne sont que des sottes,
Que vous pourriez le soir amener dans mes grottes
La Vénus avec qui tous vous vous mariez,
Que je n'ai pas des yeux pour voir, que vous pourriez
Vous vautrer sur mes joncs où les dragons des antres
Laissent en s'en allant la trace de leurs ventres,
Que vous pourriez salir la pauvre source en pleurs,
Que je vous laisserais, ainsi que des voleurs,
Aller, venir, rôder dans la grande nature ;
Si vous imaginiez cette étrange aventure
Qu'ici je vous verrais rire, semer l'effroi,
Faire l'amour, vous mettre à votre aise chez moi,
Sans des soulèvements énormes de montagnes,
Et sans vous traiter, vous, princes, et vos compagnes,
Comme les ours qu'au fond des halliers je poursuis,
Vous me croiriez plus bête encor que je ne suis !

JUPITER.

Calme-toi.

VÉNUS.

Nous avons dans l'Olympe des chambres,
Bonhomme.

LE GÉANT.

Oui, je sais bien, parce que j'ai des membres
Vastes, et que les doigts robustes de mes pieds
Semblent sur l'affreux tronc des saules copiés,
Parce que mes talons sont tout noirs de poussière,
Parce que je suis fait de la pâte grossière
Dont est faite la terre auguste et dont sont faits
Les grands monts, ces muets et sacrés portefaix,
Vu que des plus vieux rocs j'ai passé les vieillesses,
Et que je n'ai pas moi toutes vos gentillesses,
Étant une montagne à forme humaine, au fond
Du gouffre, où l'ombre avec les pierres me confond,
Vu que j'ai l'air d'un bloc, d'une tour, d'un décombre,
Et que je fus taillé dans l'énormité sombre,
Je passe pour stupide. On rit de moi, vraiment,
Et l'on croit qu'on peut tout me faire impunément.
Soit. Essayez. Tâtez mon humeur endurante.

Combien de dards avait le serpent Stryx? Quarante.
Combien de pieds avait l'hydre Phluse? Trois cents.
J'ai broyé Stryx et Phluse entre mes poings puissants.
Osez donc! Ah! je sens la colère hagarde
Battre de l'aile autour de mon front. Prenez garde!
Laissez-moi dans mon trou plein d'ombre et de parfums.
Que les olympiens ne soient pas importuns,
Car il se pourrait bien qu'on vît de quelle sorte
On les chasse, et comment, pour leur fermer sa porte,
Un ténébreux s'y prend avec les radieux,
Si vous venez ici m'ennuyer, tas de dieux!

LES TEMPS PANIQUES

*

Les dieux ont dit entre eux : — Nous sommes la matière,
Les dieux. Nous habitons l'insondable frontière
Au delà de laquelle il n'est rien ; nous tenons
L'univers par le mal qui règne sous nos noms,
Par la guerre, euménide éparse, par l'orgie
Chantante, dans la joie et le meurtre élargie,

Par Cupidon l'immense enfant, par Astarté,
Larve pleine de nuit d'où sort une clarté.
L'ouragan tourne autour de nos faces sereines ;
Les saisons sont des chars dont nous tenons les rênes,
Nous régnons, nous mettons à la tempête un mors,
Et nous sommes au fond de la pâleur des morts.
L'Olympe est à jamais la cime de la vie ;
Chronos est prisonnier ; Géo tremble asservie ;
Nous sommes tout. Nos coups de foudre sont fumants.
Jouissons. Sous nos pieds un pavé d'ossements,
C'est la terre ; un plafond de néant sur nos têtes,
C'est le ciel ; nous avons les temples et les fêtes ;
L'ombre que nous faisons met le monde à genoux.
Les premiers-nés du gouffre étaient plus grands que nous ;
Nous leur avons jeté l'Othryx et le Caucase ;
A cette heure, un amas de roches les écrase ;
Poursuivons, achevons notre œuvre, et consommons
La lapidation des géants par les monts !

*

Les dieux ont triomphé. Leur victoire est tombée
Sur Enna, sur Larisse et Pylos, sur l'Eubée ;

L'horizon est partout difforme maintenant;
Pas un mont qui ne soit blessé; l'Atlas saignant
Est noir sous l'assemblage horrible des nuées;
Chalcis que les hiboux emplissent de huées,
La Thrace où l'on adore un vieux glaive rouillé,
L'Hémonie où l'éclair féroce a travaillé,
Sont de mornes déserts que la ruine encombre.
Une peau de satyre écorché pend dans l'ombre,
Car la lyre a puni la flûte au fond des bois.
La source aux pleurs profonds sanglote à demi-voix;
Où sont les jours d'Évandre et les temps de Saturne?
On s'aimait. On se craint. L'univers est nocturne;
L'azur hait le matin, inutile doreur;
L'ombre auguste et hideuse est pleine de terreur;
On entend des soupirs étouffés dans les marbres;
Des simulacres sont visibles sous les arbres,
Et des spectres sont là, signe d'un vaste ennui.
Les bois naguère étaient confiants, aujourd'hui
Ils ont peur, et l'on sent que leur tremblement songe
Aux autans, rauque essaim qui serpente et s'allonge
Et qui souvent remplit de trahisons l'éther;
Car l'orage est l'esclave obscur de Jupiter.
Les cavernes des fils d'Inachus sont vacantes;
Le grand Orphée est mort tué par les bacchantes;
Seuls les dieux sont debout, formidables vivants,
Et la terre subit la sombre horreur des vents.

Thèbe adore en tremblant la foudre triomphale ;
Et trois fleuves, le Styx, l'Alphée et le Stymphale,
Se sont enfuis sous terre et n'ont plus reparu.
Aquilon passe avec un grondement bourru ;
On ne sait ce qu'Eurus complote avec Borée ;
Faune se cache ainsi qu'une bête effarée ;
Plus de titans ; Mercure éclipse Hypérion ;
Zéphire chante et danse ainsi qu'un histrion ;
Quant aux Cyclopes, fils puînés, ils sont lâches ;
Ils servent ; ils ont fait leur paix ; les viles tâches
Conviennent aux cœurs bas ; Vulcain, le dieu cagneux,
Les emploie à sa forge, a confiance en eux,
Les gouverne, et, difforme et boiteux, distribue
L'ouvrage à ces géants par qui la honte est bue ;
Brontès fait des trépieds qui parlent, Pyracmon
Fait des spectres d'airain où remue un démon ;
On ne résiste plus aux dieux, même en Sicile ;
Polyphème amoureux n'est plus qu'un imbécile,
Et Galatée en rit avec Acis.

Les champs
N'ont presque plus de fleurs, tant les dieux sont méchants ;
Les dieux semblent avoir cueilli toutes les roses.
Ils font la guerre à Pan, à l'être, au gouffre, aux choses ;
Ils ont mis de la nuit jusque dans l'œil du lynx ;
Ils ont pris l'ombre, ils ont fait avouer les sphinx,

Ils ont échoué l'hydre, éteint les ignivomes,
Et du sinistre enfer augmenté les fantômes,
Et, bouleversant tout, ondes, souffles, typhons,
Ils ont déconcerté les prodiges profonds.
La terre en proie aux dieux fut le champ de bataille;
Ils ont frappé les fronts qui dépassaient leur taille,
Et détruit sans pitié, sans gloire, sans pudeur,
Hélas! quiconque avait pour crime la grandeur.

Les lacs sont indignés des monts qu'ils réfléchissent,
Car les monts ont trahi; sur un faîte où blanchissent
Des os d'enfants percés par les flèches du ciel,
Cime aride et pareille aux lieux semés de sel,
La pierre qui jadis fut Niobé médite;
La vaste Afrique semble exilée et maudite;
Le Nil cache éperdu sa source à tous les yeux,
De peur de voir briser son urne par les dieux;
On sent partout la fin, la borne, la limite;
L'étang, clair sous l'amas des branchages, imite
L'œil tragique et brillant du fiévreux qui mourra;
L'effroi tient Delphe en Grèce et dans l'Inde Ellorah;
Phœbus Sminthée usurpe aux cieux le char solaire;
Que de honte! Et l'on peut juger de la colère
De Déméter, l'aïeule auguste de Cérès,
Par l'échevèlement farouche des forêts.

La terre avait une âme et les dieux l'ont tuée.
Hélas! dit le torrent. Hélas! dit la nuée.
Les vagues voix du soir murmurent : Oublions!
L'absence des géants attriste les lions.

LE TITAN

I

SUR L'OLYMPE

Une montagne emplit tout l'horizon des hommes ;
L'Olympe. Pas de ciel. Telle est l'ombre où nous sommes.
L'orgueil, la volupté féroce aux chants lascifs,
La guerre secouant des éclairs convulsifs,
La splendide Vénus, nue, effrayante, obscure,
Le meurtre appelé Mars, le vol nommé Mercure,

L'inceste souriant, ivre, au sinistre hymen,
Le parricide ayant le tonnerre à la main,
Pluton livide avec l'enfer pour auréole,
L'immense fou Neptune en proie au vague Éole,
L'orageux Jupiter, Diane à l'œil peu sûr,
Des fronts de météore entrevus dans l'azur,
Habitent ce sommet; et tout ce que l'augure,
Le flamine, imagine, invente, se figure,
Et vénère à Corinthe, à Syène, à Paphos,
Tout le vrai des autels qui dans la tombe est faux,
L'oppression, la soif du sang, l'âpre carnage,
L'impudeur qui survit à la guerre et surnage,
L'extermination des enfants de Japhet,
Toute la quantité de crime et de forfait
Que de noms révérés la religion nomme,
Et que peut dans la nuit d'un temple adorer l'homme,
Sur ce faîte fatal que l'aube éclaire en vain,
Rayonne, et tout le mal possible est là, divin.

Jadis la terre était heureuse; elle était libre.
Et, donnant l'équité pour base à l'équilibre,
Elle avait ses grands fils, les géants; ses petits,
Les hommes; et tremblants, cachés, honteux, blottis
Dans les antres, n'osant nuire à la créature,
Les fléaux avaient peur de la sainte nature;
L'étang était sans peste et la mer sans autans;
Tout était beauté, fête, amour, blancheur, printemps;

L'églogue souriait dans la forêt; les tombes
S'entr'ouvraient pour laisser s'envoler des colombes;
L'arbre était sous le vent comme un luth sous l'archet;
L'ourse allaitait l'agneau que le lion léchait;
L'homme avait tous les biens que la candeur procure;
On ne connaissait pas Plutus, ni ce Mercure
Qui plus tard fit Sidon et Tharsis, et sculpta
Le caducée aux murs impurs de Sarepta;
On ignorait ces mots, corrompre, acheter, vendre.
On donnait. Jours sacrés! jours de Rhée et d'Évandre!
L'homme était fleur; l'aurore était sur les berceaux.
Hélas! au lait coulant dans les champs par ruisseaux
A succédé le vin d'où sortent les orgies;
Les hommes maintenant ont des tables rougies;
Le lait les faisait bons et le vin les rend fous;
Atrée est ivre auprès de Thyeste en courroux;
Les Centaures, prenant les femmes sur leurs croupes,
Frappent l'homme, et l'horreur tragique est dans les coupes.
O beaux jours passés! terre amante, ciel époux!
Oh! que le tremblement des branches était doux!
Les cyclopes jouaient de la flûte dans l'ombre.

La terre est aujourd'hui comme un radeau qui sombre.
Les dieux, ces parvenus, règnent, et, seuls debout,
Composent leur grandeur de la chute de tout.
Leur banquet resplendit sur la terre et l'affame.
Ils dévorent l'amour, l'âme, la chair, la femme,

Le bien, le mal, le faux, le vrai, l'immensité.
Ils sont hideux au fond de la sérénité.
Quels festins! Comme ils sont contents! Comme ils s'entourent
De vertiges, de feux, d'ombre! Comme ils savourent
La gloire d'être grands, d'être dieux, d'être seuls!
Comme ils raillent les vieux géants dans leurs linceuls!
Toutes les vérités premières sont tuées.
Les heures, qui ne sont que des prostituées,
Viennent chanter chez eux, montrant de vils appas,
Leur offrant l'avenir sacré, qu'elles n'ont pas.
Hébé leur verse à boire et leur soif dit : Encore!
Trois danseuses, Thalie, Aglaé, Terpsychore,
Sont là, belles, croisant leurs pas mélodieux.
Qu'il est doux d'avoir fait le mal qui vous fait dieux!
Vaincre! être situés aux lieux inabordables!
Torturer et jouir! Ils vivent formidables
Dans l'éblouissement des Grâces aux seins nus.
Ils sont les radieux, ils sont les inconnus.
Ils ont détruit Craos, Nephtis, Antée, Otase;
Être horribles et beaux, c'est une double extase;
Comme ils sont adorés! Comme ils sont odieux!
Ils perdent la raison à force d'être dieux;
Car la férocité, c'est la vraie allégresse,
Et Bacchus fait traîner par des tigres l'ivresse.
Ils inspirent Dodone, Éléphantine, Endor.
Chacun d'eux à la main tient une coupe d'or
Pure à mouler dessus un sein de jeune fille.
Sur son trépied en Crète, à Cumes sous sa grille,

La sibylle leur livre à travers ses barreaux
Le secret de la foudre en ses vers fulguraux,
Car cette louve sait le fatal fond des choses;
Toute la terre tremble à leurs métamorphoses;
La forêt, où le jour pâle pénètre peu,
Quand elle voit un monstre a peur de voir un dieu.
Quelle joie ils se font avec l'univers triste!
Comme ils sont convaincus que rien hors d'eux n'existe!
Comme ils se sentent forts, immortels, éternels!
Quelle tranquillité d'être les criminels,
Les tyrans, les bourreaux, les dogmes, les idoles!
D'emplir d'ombre et d'horreur les pythonisses folles,
Les ménades d'amour, les sages de stupeur!
D'avoir partout pour soi l'autel noir de la peur!
D'avoir l'antre, l'écho, le lieu visionnaire,
Tous les fracas depuis l'Etna jusqu'au tonnerre,
Toutes les tours depuis Pharos jusqu'à Babel!
D'être, sous tous les noms possibles, Dagon, Bel,
Jovis, Horus, Moloch et Teutatès, les maîtres!
D'avoir à soi la nuit, le vent, les bois, les prêtres!
De posséder le monde entier, Éphèse et Tyr,
Thulé, Thèbe, et les flots dont on ne peut sortir,
Et d'avoir, au delà des colonnes d'Hercule,
Toute l'obscurité qui menace et recule!
Quelle toute-puissance! effarer le lion,
Dompter l'aigle, poser Ossa sur Pélion,
Avoir, du cap d'Asie aux pics Acrocéraunes,
Toute la mer pour peuple et tous les monts pour trônes,

Avoir le sable et l'onde, et l'herbe et le granit,
Et la brume ignorée où le monde finit !
En bas, le tremblement des flèches dans les cibles,
Le passage orageux des meutes invisibles,
Le roulement des chars, le pas des légions,
Le bruit lugubre fait par les religions,
D'étranges voix sortant d'une sombre ouverture,
L'obscur rugissement de l'immense nature,
Réalisent, au pied de l'Olympe inclément,
On ne sait quel sinistre anéantissement;
Et la terre, où la vie indistincte végète,
Sous ce groupe idéal et monstrueux qui jette
Les fléaux, à la fois moissonneur et semeur,
N'est rien qu'une nuée où flotte une rumeur.
Par moments le nuage autour du mont s'entr'ouvre;
Alors on aperçoit sur ces êtres, que couvre
Un divin flamboiement brusquement éclairci,
Des rejaillissements de rayons, comme si
L'on avait écrasé sur eux de la lumière;
Puis le hautain sommet rentre en son ombre altière
Et l'on ne voit plus rien que les sanglants autels;
Seulement on entend rire les immortels.

Et les hommes? Que font les hommes? Ils frissonnent.
Les clairons dans les camps et dans les temples sonnent,
L'encens et les bûchers fument, et le destin
Du fond de l'ombre immense écrase tout, lointain;

Et les blêmes vivants passent, larves, pygmées ;
Ils regardent l'Olympe à travers les fumées,
Et se taisent, sachant que le sort est sur eux,
D'autant plus éblouis qu'ils sont plus ténébreux ;
Leur seule volonté c'est de ne pas comprendre ;
Ils acceptent tout, vie et tombeau, flamme et cendre,
Tout ce que font les rois, tout ce que les dieux font,
Tant le frémissement des âmes est profond !

II

SOUS L'OLYMPE

Cependant un des fils de la terre farouche,
Un titan, l'ombre au front et l'écume à la bouche,
Phtos le géant, l'aîné des colosses vaincus,
Tandis qu'en haut les dieux, enivrés par Bacchus,
Mêlent leur joie autour de la royale table,
Rêve sous l'épaisseur du mont épouvantable.

Les maîtres, sous l'Olympe, ont, dans un souterrain
Jeté Phtos, l'ont lié d'une corde d'airain,
Puis ils l'ont laissé là, car la victoire heureuse
Oublie et chante; et Phtos médite; il sonde, il creuse,
Il fouille le passé, l'avenir, le néant.
Oh! quand on est vaincu, c'est dur d'être géant!
Un nain n'a pas la honte ayant la petitesse.
Seuls, les cœurs de titans ont la grande tristesse;
Le volcan morne sent qu'il s'éteint par degrés,
Et la défaite est lourde aux fronts démesurés.
Ce vaincu saigne et songe, étonné.

        Quelle chute!
Les dieux ont commencé la tragique dispute,
Et la terre est leur proie. O deuil! Il mord son poing.
Comment respire-t-il? Il ne respire point.
Son corps vaste est blessé partout comme une cible.
Le câble que Vulcain fit en bronze flexible
Le serre, et son cou râle, étreint d'un nœud d'airain.
Phtos médite, et ce grand furieux est serein;
Il méprise, indigné, les fers, les clous, les gênes.

III

CE QUE LES GÉANTS SONT DEVENUS

Il songe au fier passé des puissants terrigènes,
Maintenant dispersés dans vingt charniers divers,
Vastes membres d'un monstre auguste, l'univers ;
Toute la terre était dans ces hommes énormes ;
A cette heure, mêlés aux montagnes sans formes,
Ils gisent, accablés par le destin hideux,
Plus morts que le sarment qu'un pâtre casse en deux.
Où sont-ils ? sous des rocs abjects, cariatides
Des Ténares ardents, des Cocytes fétides ;
Encelade a sur lui l'infâme Etna fumant ;
C'est son bagne ; et l'on voit de l'âpre entassement
Sortir son pied qui semble un morceau de montagne ;
Thor est sous l'écueil noir qui sera la Bretagne ;
Sur Anax, le géant de Tyrinthe, Arachné
File sa toile, tant il est bien enchaîné ;

Pluton, après avoir mis Kothos dans l'Erèbe,
A cloué ses cent mains aux cent portes de Thèbe;
Mopse est évanoui sous l'Athos, c'est Hermès
Qui l'enferme; on ne peut espérer que jamais
Dans ces caves du monde aucun souffle ranime
Rhœtus, Porphyrion, Mégatlas, Evonyme;
Couché tout de son long sous le haut mont Liban,
Titlis souffre, et, saisi par Notus, vil forban,
Scrops flotte sous Délos, l'île errante et funeste;
Dronte est muré sous Delphe et Mimas sous Prœneste;
Cœbès, Géreste, Andès, Béor, Cédalion,
Jax, qui dormait le jour ainsi que le lion,
Tous ces êtres plus grands que des monts, sont esclaves,
Les uns sous des glaciers, les autres sous des laves,
Dans on ne sait quel lâche enfer fastidieux;
Et Prométhée! Hélas! quels bandits que ces dieux!
Personne au fond ne sait le crime de Tantale;
Pour avoir entrevu la baigneuse fatale,
Actéon fuit dans l'ombre; et qu'a fait Adonis?
Que de héros brisés! Que d'innocents punis!
Phtos repasse en son cœur l'affreux sort de ses frères;
Star dans Lesbos subit l'affront des stercoraires;
Cerbère garde Ephlops, par mille éclairs frappé,
Sur qui rampe en enfer la chenille Campé;
C'est sur Mégarios que le mont Ida pèse;
Darse endure le choc des flots que rien n'apaise;
Rham est si bien captif du Styx fuligineux
Qu'il n'en a pas encor pu desserrer les nœuds;

Atlas porte le monde, et l'on entend le pôle
Craquer quand le géant lassé change d'épaule;
Lié sous le volcan Liparis, noir récif,
Typhée est au milieu de la flamme, pensif.
Tous ces titans, Stellos, Talémon, Ecmonide,
Gès dont l'œil bleu faisait reculer l'euménide,
Ont succombé, percés des flèches de l'éther,
Sous le guet-apens brusque et vil de Jupiter.
Les géants qui gardaient l'âge d'or, dont la taille
Rassurait la nature, ont perdu la bataille,
Et les colosses sont remplacés par les dieux.
La terre n'a plus d'âme et le ciel n'a plus d'yeux;
Tout est mort. Seuls ces rois épouvantables vivent.
Les stupides saisons comme des chiens les suivent,
L'ordre éternel les semble approuver en marchant;
Dans l'Olympe, où le cri du monde arrive chant,
Où l'étourdissement conseille l'inclémence,
On rit. Tant de victoire a droit à la démence.
Et ces dieux ont raison. Phtos écume. — Oui, dit-il,
Ils ont raison. Eau, flamme, éléments, air subtil,
Vous ne vous êtes pas défendus. Votre orage
N'a pas eu dans la lutte affreuse assez de rage;
Vous vous êtes laissés museler lâchement.
Le mal triomphe! — Et Phtos frémit. Écroulement!
Tous les géants sont pris et garrottés. Que faire?
Il songe.

IV

L'EFFORT

Quoi ! l'eau court, le cheval se déferre,
L'humble oiseau brise l'œuf à coups de bec, le vent
Prend la fuite, malgré l'éclair le poursuivant,
Le loup s'en va, bravant le pâtre et le molosse,
Le rat ronge sa cage, et lui, titan, colosse,
Lui dont le cœur a plus de lave qu'un volcan,
Lui Phtos, il resterait dans cette ombre, au carcan !
O fureur ! Non. Il tord ses os, tend ses vertèbres,
Se débat. Lequel est le plus dur, ô ténèbres !
De la chair d'un titan ou de l'airain des dieux ?
Tout à coup, sous l'effort... — ô matin radieux,
Quand tu remplis d'aurore et d'amour le grand chêne,
Ton chant n'est pas plus doux que le bruit d'une chaîne
Qui se casse et qui met une âme en liberté ! —
Le carcan s'est fendu, les nœuds ont éclaté !
Le roc sent remuer l'être extraordinaire ;

Ah! dit Phtos, et sa joie est semblable au tonnerre;
Le voilà libre!

Non, la montagne est sur lui.
Les fers sont les anneaux de ce serpent, l'ennui;
Ils sont rompus; mais quoi! tout ce granit l'arrête;
Que faire avec ce mont difforme sur sa tête?
Qu'importe une montagne à qui brisa ses fers!
Certe, il fuira. Dût-il déranger les enfers,
Certe, il s'évadera dans la profondeur sombre!
Qu'importe le possible et les chaos sans nombre,
Le précipice en bas, l'escarpement en haut!
Fauve, il dépave avec ses ongles son cachot.
Il arrache une pierre, une autre, une autre encore;
Oh! quelle étrange nuit sous l'univers sonore!
Un trou s'offre, lugubre, il y plonge, et, rampant
Dans un vide où l'effroi du tombeau se répand,
Il voit sous lui de l'ombre et de l'horreur. Il entre.
Il est dans on ne sait quel intérieur d'antre;
Il avance, il serpente, il fend les blocs mal joints;
Il disloque la roche entre ses vastes poings;
Les enchevêtrements de racines vivaces,
Les fuites d'eau mouillant de livides crevasses,
Il franchit tout; des reins, des coudes, des talons,
Il pousse devant lui l'abîme et dit : Allons!
Et le voilà perdu sous des amas funèbres,

Remuant les granits, les miasmes, les ténèbres,
Et tout le noir dessous de l'Olympe éclatant.
Par moments il s'arrête, il écoute, il entend
Sur sa tête les dieux rire, et pleurer la terre.
Bruit tragique.

    A plat ventre, ainsi que la panthère,
Il s'aventure; il voit ce qui n'a pas de nom.
Il n'est plus prisonnier; s'est-il échappé? Non.
Où fuir, puisqu'ils ont tout? Rage! ô pensée amère!
Il rentre au flanc sacré de la terre sa mère;
Stagnation. Noirceur. Tombe. Blocs étouffants.
Et dire que les dieux sont là-haut triomphants!
Et que la terre est tout, et qu'ils ont pris la terre!
L'ombre même lui semble hostile et réfractaire.
Mourir, il ne le peut; mais renaître, qui sait?
Il va. L'obscurité sans fond, qu'est-ce que c'est?
Il fouille le néant et le néant résiste.
Parfois un flamboiement, plus noir que la nuit triste,
Derrière une cloison de fournaise apparaît.
Le titan continue. Il se tient en arrêt,
Guette, sape, reprend, creuse, invente sa route,
Et fuit, sans que le mont qu'il a sur lui s'en doute,
Les olympes n'ayant conscience de rien.

V

LE DEDANS DE LA TERRE

Pas un rayon de jour; nul souffle aérien;
Des fentes dans la nuit; il rampe. Après des caves
Où gronde un gonflement de soufres et de laves,
Il traverse des eaux hideuses ; mais que font
L'onde et la flamme et l'ombre à qui cherche le fond,
Le dénouement, la fin, la liberté, l'issue?
Son crâne est son levier, sa main est sa massue;
Plongeur de l'Ignoré, crispant ses bras noueux,
Il écarte des tas d'obstacles monstrueux,
Il perce du chaos les pâles casemates ;
Il est couvert de sang, de fange, de stigmates ;

*

Comme, ainsi formidable, il plairait à Vénus !
La pierre âpre et cruelle écorche ses flancs nus,
Et sur son corps, criblé par l'éclair sanguinaire,
Rouvre la cicatrice énorme du tonnerre.

Glissement colossal sous l'amoncellement
De la nuit, du granit affreux, de l'élément !
L'eau le glace, le feu le mord, l'ombre l'accable ;
Mais l'évasion fière, indignée, implacable,
L'entraîne ; et que peut-il craindre, étant foudroyé ?
Il va. Râlant, grinçant, luttant, saignant, ployé,
Il se fraie un chemin tortueux, tourne, tombe,
S'enfonce, et l'on dirait un ver trouant la tombe ;
Il tend l'oreille au bruit qui va s'affaiblissant,
S'enivre de la chute et du gouffre, et descend.
Il entend rire, tant la voix des dieux est forte.
Il troue, il perce, il fuit... — Le puits que de la sorte
Il creuse est effroyable et sombre, et maintenant
Ce n'est plus seulement l'Olympe rayonnant
Que ce fuyard terrible a sur lui, c'est la terre.
Tout à coup le bruit cesse.

       Et tout ce qu'il faut taire,
Il l'aperçoit. La fin de l'être et de l'espoir,

L'inhospitalité sinistre du fond noir,
Le cloaque où plus tard crouleront les Sodomes,
Le dessous ténébreux des pas de tous les hommes,
Le silence gardant le secret. Arrêtez !
Plus loin n'existe pas. L'ombre de tous côtés !
Ce gouffre est devant lui. L'abject, le froid, l'horrible,
L'évanouissement misérable et terrible,
L'espèce de brouillard que ferait le Léthé,
Cette chose sans nom, l'univers avorté,
Un vide monstrueux où de l'effroi surnage,
L'impossibilité de tourner une page,
Le suprême feuillet faisant le dernier pli !
C'est cela qu'on verrait si l'on voyait l'oubli.
Plus bas que les effets et plus bas que les causes,
La clôture à laquelle aboutissent les choses,
Il la touche, et dans l'ombre, inutile éclaireur,
Il est à l'endroit morne où Tout n'est plus. Terreur.
C'est fini. Le titan regarde l'invisible.

Se rendre sans avoir épuisé le possible,
Les colosses n'ont point cette coutume-là ;
Les géants qu'un amas d'infortune accabla
Luttent encore ; ils ont un fier reste de rage ;
La résistance étant ressemblante à l'outrage
Plaît aux puissants vaincus ; l'aigle mord ses barreaux ;
Faire au sort violence est l'humeur des héros,

Et ce désespoir-là seul est grand et sublime
Qui donne un dernier coup de talon à l'abîme.
Phtos, comme s'il voulait, de ses deux bras ouverts,
Arracher le dernier morceau de l'univers,
Se baisse, étreint un bloc et l'écarte...

VI

LA DÉCOUVERTE DU TITAN

O vertige !
O gouffres ! l'effrayant soupirail d'un prodige
Apparaît ; l'aube fait irruption ; le jour,
Là, dehors, un rayon d'allégresse et d'amour,
Formidable, aussi pur que l'aurore première,
Entre dans l'ombre, et Phtos, devant cette lumière,

Brusque aveu d'on ne sait quel profond firmament,
Recule, épouvanté par l'éblouissement.

Le soupirail est large et la brèche est béante.
Phtos y passe son bras, puis sa tête géante;
Il regarde.

*

Il croyait, quand sur lui tout croula,
Voir l'abîme; eh bien non! l'abîme, le voilà.
Phtos est à la fenêtre immense du mystère.
Il voit l'autre côté monstrueux de la terre;
L'inconnu, ce qu'aucun regard ne vit jamais;
Des profondeurs qui sont en même temps sommets,
Un tas d'astres derrière un gouffre d'empyrées,
Un océan roulant aux plis de ses marées
Des flux et des reflux de constellations;
Il voit les vérités qui sont les visions;
Des flots d'azur, des flots de nuit, des flots d'aurore,
Quelque chose qui semble une croix météore,
Des étoiles après des étoiles, des feux

Après des feux, des cieux, des cieux, des cieux, des cieux !
Le géant croyait tout fini ; tout recommence !
Ce qu'aucune sagesse et pas une démence,
Pas un être sauvé, pas un être puni
Ne rêverait, l'abîme absolu, l'infini,
Il le voit. C'est vivant, et son œil y pénètre.

Cela ne peut mourir et cela n'a pu naître,
Cela ne peut s'accroître ou décroître en clarté,
Toute cette lumière étant l'éternité.
Phtos a le tremblement effrayant qui devine.
Plus d'astres qu'il n'éclôt de fleurs dans la ravine,
Plus de soleils qu'il n'est de fourmis, plus de cieux
Et de mondes à voir que les hommes n'ont d'yeux !
Ces blancheurs sont des lacs de rayons ; ces nuées
Sont des créations sans fin continuées ;
Là plus de rives, plus de bords, plus d'horizons.
Dans l'étendue où rien ne marque les saisons,
Où luisent les azurs, où les chaos sanglotent,
Des millions d'enfers et de paradis flottent,
Éclairant de leurs feux, lugubres ou charmants,
D'autres humanités sous d'autres firmaments.
Où cela cesse-t-il ? Cela n'a pas de terme.
Quel styx étreint ce ciel ? Aucun. Quel mur l'enferme ?
Aucun. Globes, soleils, lunes, sphères. Forêt.
L'impossible à travers l'évident transparaît.

C'est le point fait soleil, c'est l'astre fait atôme ;
Tant de réalité que tout devient fantôme ;
Tout un univers spectre apparu brusquement.
Un globe est une bulle ; un siècle est un moment ;
Mondes sur mondes ; l'un par l'autre ils se limitent.
Des sphères restent là, fixes ; d'autres imitent
L'évanouissement des passants inconnus,
Et s'en vont. Portant tout et par rien soutenus,
Des foules d'univers s'entrecroisent sans nombre ;
Point de Calpé pour l'aube et d'Abyla pour l'ombre ;
Des astres errants vont, viennent, portent secours ;
Ténèbres, clartés, gouffre. Et puis après ? Toujours.
Phtos voit l'énigme ; il voit le fond, il voit la cime.
Il sent en lui la joie obscure de l'abîme ;
Il subit, accablé de soleils et de cieux,
L'inexprimable horreur des lieux prodigieux.
Il regarde, éperdu, le vrai, ce précipice.
Évidence sans borne, ou fatale, ou propice !
O stupeur ! il finit par distinguer, au fond
De ce gouffre où le jour avec la nuit se fond,
A travers l'épaisseur d'une brume éternelle,
Dans on ne sait quelle ombre énorme, une prunelle !

*

Cependant sur le haut de l'Olympe on riait ;
Les Immortels, sereins sur le monde inquiet,
Resplendissaient, debout dans un brouillard de gloire ;
Tout à coup, une étrange et haute forme noire
Surgit en face d'eux, et Vénus dit : Quelqu'un !
C'était Phtos. Comme un feu hors du vase à parfum,
Ou comme un flamboiement au-dessus du cratère,
Le colosse, en rampant dans l'ombre et sous la terre,
S'était fait libre, était sorti de sa prison,
Et maintenant montait, sinistre, à l'horizon.
Il avait traversé tout le dessous du monde.
Il avait dans les yeux l'éternité profonde.
Il se fit un silence inouï ; l'on sentit
Que ce spectre était grand, car tout devint petit ;
L'aigle ouvrit son œil fauve où l'âpre éclair palpite,
Et sembla regarder du côté de la fuite ;
L'Olympe fut noirci par l'ombre du géant ;
Jupiter se dressa, pâle, sur son séant ;
Le dur Vulcain cessa de battre son enclume
Qui sonna si souvent, dans sa forge qui fume,
Sur les fers des vaincus lorsqu'il les écrouait ;
Afin qu'on n'entendît pas même leur rouet
Les trois Grâces d'en haut firent signe aux trois Parques.

Alors le titan, grave, altier, portant les marques
Des tonnerres sur lui tant de fois essayés,
Ayant l'immense aspect des sommets foudroyés
Et la difformité sublime des décombres,
Regarda fixement les Olympiens sombres
Stupéfaits sur leur cime au fond de l'éther bleu,
Et leur cria, terrible : O dieux, il est un Dieu !

IV

LA VILLE DISPARUE

LA VILLE DISPARUE

Peuple, l'eau n'est jamais sans rien faire. Mille ans
Avant Adam, qui semble un spectre en cheveux blancs,
Notre aïeul, c'est du moins ainsi que tu le nommes,
Quand les géants étaient encor mêlés aux hommes,
Dans des temps dont jamais personne ne parla,
Une ville bâtie en briques était là
Où sont ces flots qu'agite un aquilon immense

Et cette ville était un lieu plein de démence
Que parfois menaçait de loin un blême éclair.
On voyait une plaine où l'on voit une mer ;
Alors c'étaient des chars qui passaient, non des barques ;
Les ouragans ont pris la place des monarques ;
Car pour faire un désert, Dieu, maître des vivants,
Commence par les rois et finit par les vents.
Ce peuple, voix, rumeurs, fourmillement de têtes,
Troupeau d'âmes, ému par les deuils et les fêtes,
Faisait le bruit que fait dans l'orage l'essaim,
Point inquiet d'avoir l'Océan pour voisin.

Donc cette ville avait des rois ; ces rois superbes
Avaient sous eux les fronts comme un faucheur les herbes.
Étaient-ils méchants ? Non. Ils étaient rois. Un roi
C'est un homme trop grand que trouble un vague effroi,
Qui, faisant plus de mal pour avoir plus de joie,
Chez les bêtes de somme est la bête de proie ;
Mais ce n'est pas sa faute, et le sage est clément.
Un roi serait meilleur s'il naissait autrement ;
L'homme est homme toujours ; les crimes du despote
Sont faits par sa puissance, ombre où son âme flotte,
Par la pourpre qu'il traîne et dont on le revêt,
Et l'esclave serait tyran s'il le pouvait.

Donc cette ville était toute bâtie en briques.
On y voyait des tours, des bazars, des fabriques,
Des arcs, des palais pleins de luths mélodieux,
Et des monstres d'airain qu'on appelait les dieux.
Cette ville était gaie et barbare ; ses places
Faisaient par leurs gibets rire les populaces ;
On y chantait des chœurs pleins d'oubli, l'homme étant
L'ombre qui jette un souffle et qui dure un instant ;
De claires eaux luisaient au fond des avenues ;
Et les reines du roi se baignaient toutes nues
Dans les parcs où rôdaient des paons étoilés d'yeux ;
Les marteaux, au dormeur nonchalant odieux,
Sonnaient, de l'aube au soir, sur les noires enclumes ;
Les vautours se posaient, fouillant du bec leurs plumes,
Sur les temples, sans peur d'être chassés, sachant
Que l'idole féroce aime l'oiseau méchant ;
Le tigre est bien venu près de l'hydre ; et les aigles
Sentent qu'ils n'ont jamais enfreint aucunes règles,
Quand le sang coule auprès des autels radieux,
En venant partager le meurtre avec les dieux.
L'autel du temple était d'or pur, que rien ne souille,
Le toit était en cèdre et, de peur de la rouille,
Au lieu de clous avait des chevilles de bois.
Jour et nuit les clairons, les cistres, les hautbois,
De crainte que le Dieu farouche ne s'endorme,
Chantaient dans l'ombre. Ainsi vivait la ville énorme.
Les femmes y venaient pour s'y prostituer.
Mais un jour l'Océan se mit à remuer ;

Doucement, sans courroux, du côté de la ville
Il rongea les rochers et les dunes, tranquille,
Sans tumulte, sans chocs, sans efforts haletants,
Comme un grave ouvrier qui sait qu'il a le temps;
Et lentement, ainsi qu'un mineur solitaire,
L'eau jamais immobile avançait sous la terre;
C'est en vain que sur l'herbe un guetteur assidu
Eût collé son oreille, il n'eût rien entendu;
L'eau creusait sans rumeur comme sans violence,
Et la ville faisait son bruit sur ce silence.
Si bien qu'un soir, à l'heure où tout semble frémir,
A l'heure où, se levant comme un sinistre émir,
Sirius apparaît, et sur l'horizon sombre
Donne un signal de marche aux étoiles sans nombre,
Les nuages qu'un vent l'un à l'autre rejoint
Et pousse, seuls oiseaux qui ne dormissent point,
La lune, le front blanc des monts, les pâles astres,
Virent soudain, maisons, dômes, arceaux, pilastres,
Toute la ville, ainsi qu'un rêve, en un instant,
Peuple, armée, et le roi qui buvait en chantant
Et qui n'eut pas le temps de se lever de table,
Crouler dans on ne sait quelle ombre épouvantable;
Et pendant qu'à la fois, de la base au sommet,
Ce chaos de palais et de tours s'abîmait,
On entendit monter un murmure farouche,
Et l'on vit brusquement s'ouvrir comme une bouche
Un trou d'où jaillissait un jet d'écume amer,
Gouffre où la ville entrait et d'où sortait la mer.

Et tout s'évanouit; rien ne resta que l'onde.
Maintenant on ne voit au loin que l'eau profonde
Par les vents remuée et seule sous les cieux.
Tel est l'ébranlement des flots mystérieux.

V

APRÈS LES DIEUX, LES ROIS

I

DE MESA A ATTILA

INSCRIPTION

(Neuf cents ans avant J.-C.)

C'est moi qui suis le roi, Mesa, fils de Chémos.
J'ai coupé la forêt de pins aux noirs rameaux,
Et j'ai bâti Baal-Méon, ville d'Afrique.
J'ai fait le mur de bois, j'ai fait le mur de brique;

Et j'ai dit : que chaque homme, à peine de prison,
Se creuse une citerne auprès de sa maison ;
Car en hiver on a deux mois de grandes pluies ;
Afin que les brebis, les chèvres et les truies
Puissent paître dehors au temps des maïs mûrs,
Je réserve aux troupeaux un champ fermé de murs.
C'est moi qui fis la porte et qui fis la tourelle.
Astarté règne, et j'ai fait la guerre pour elle ;
Le dieu Chémos, mon père et son mari, m'aida
Quand je chassai de Gad Omri, roi de Juda.
J'ai construit Aroër, une ville très-forte ;
J'ai bâti la tourelle et j'ai bâti la porte.
Les peuples me louaient parce que j'étais bon ;
J'étais roi de l'armée immense de Dibon
Qui boit en chantant l'ombre et la mort, et qui mêle
Le sang fumant de l'aigle au lait de la chamelle ;
Je marchais, étant juge et prince, à la clarté
De Chémos, de Dagon, de Bel et d'Astarté ;
Et ce sont là les quatre étoiles qui sont reines.
J'ai creusé d'Ur à Tyr des routes souterraines.
Chémos m'a dit : « Reprends Nebo sur Israël. »
Et je n'ai jamais fait que ce que veut le ciel.
Maintenant dans ce puits je ferme la paupière.
Sachez que vous devez adorer cette pierre
Et brûler du bétel devant ce grand tombeau ;
Car j'ai tué tous ceux qui vivaient dans Nebo,
J'ai nourri les corbeaux qui volent dans les nues,
J'ai fait vendre au marché les femmes toutes nues,

INSCRIPTION.

J'ai chargé de butin quatre cents éléphants,
J'ai cloué sur des croix tous les petits enfants,
Ma droite a balayé toutes ces races viles
Dans l'ombre, et j'ai rendu leurs anciens noms aux villes.

CASSANDRE

Argos. La cour du palais.

CASSANDRE SUR UN CHAR. CLYTEMNESTRE.
LE CHŒUR.

LE CHŒUR.

Elle est fille de roi. — Mais sa ville est en cendre.
Elle a droit à ce char et n'en veut pas descendre.
Depuis qu'on l'a saisie elle n'a point parlé.
Le marbre de Syrta, la neige de Thulé
N'ont pas plus de froideur que cette âpre captive.
Elle est à l'avenir formidable attentive.

Elle est pleine d'un dieu redoutable et muet.
Le sinistre Apollon d'Ombos, qui remuait
Dodone avec le souffle et Thèbe avec la lyre,
Mêle une clarté sombre à son morne délire.
Elle a la vision des choses qui seront ;
Un reflet de vengeance est déjà sur son front ;
Elle est princesse, elle est pythie, elle est prêtresse,
Elle est esclave. Étrange et lugubre détresse !
Elle vient sur un char, étant fille de roi.
Le peuple qui regarde aller, pâles d'effroi,
Les prisonniers pieds nus qu'on chasse à coups de lance,
Et qui rit de leurs cris, a peur de son silence.

(Le char s'arrête.)

CLYTEMNESTRE.

Femme, à pied. Tu n'es pas ici dans ton pays.

LE CHOEUR.

Allons, descends du char, c'est la reine, obéis.

CLYTEMNESTRE.

Crois-tu que j'ai le temps de t'attendre à la porte ?
Hâte-toi. Car bientôt il faut que le roi sorte.

CASSANDRE.

Peut-être entends-tu mal notre langue d'ici?
Si ce que je te dis ne se dit pas ainsi
Au pays dont tu viens et dont tu te sépares,
Parle en signes alors, fais comme les barbares.

LE CHŒUR.

Si l'on parlait sa langue, on saurait son secret.
On sent en la voyant ce qu'on éprouverait
Si l'on venait de prendre une bête farouche.

CLYTEMNESTRE.

Je ne lui parle plus. L'horreur ferme sa bouche.
Triste, elle songe à Troie, au ciel jadis serein.
Elle ne prendra pas l'habitude du frein
Sans le couvrir longtemps d'une sanglante écume.
(Clytemnestre sort.)

LE CHŒUR.

Cède au destin. Crois-moi. Je suis sans amertume.
Descends du char. Reçois la chaîne à ton talon.

CASSANDRE.

Dieux ! Grands dieux ! Terre et ciel ! Apollon ! Apollon !

APOLLON LOXIAS, dans l'ombre.

Je suis là. Tu vivras, afin que ton œil voie
Le flamboiement d'Argos plein des cendres de Troie.

LES TROIS CENTS

> Ξέρξης τὸν Ἑλλήσποντον ἐκέλευσε τριηκοσίας
> ἐπικέσθαι μάστιγι πληγὰς.
>
> HÉRODOTE, *Polymnie.*

I

L'ASIE

L'Asie est monstrueuse et fauve; elle regarde
Toute la terre avec une face hagarde,
Et la terre lui plaît, car partout il fait nuit;
L'Asie, où la hauteur des rois s'épanouit,
A ce contentement que l'univers est sombre;

Ici la Cimmérie, au-delà la Northumbre,
Au delà l'âpre hiver, l'horreur, les glaciers nus,
Et les monts ignorés sous les cieux inconnus ;
Après l'inhabitable on voit l'infranchissable ;
La neige fait au Nord ce qu'au Sud fait le sable ;
Le pâle genre humain se perd dans la vapeur ;
Le Caucase est hideux, les Dofrines font peur ;
Au loin râle, en des mers d'où l'hirondelle émigre,
Thulé sous son volcan comme un daim sous un tigre.
Au pôle, où du corbeau l'orfraie entend l'appel,
Les cent têtes d'Orcus font un blême archipel,
Et, pareils au chaos, les océans funèbres
Roulent cette nuit, l'eau, sous ces flots, les ténèbres ;
L'Asie en ce sépulcre a la couronne au front ;
Nulle part son pouvoir sacré ne s'interrompt ;
Elle règne sur tous les peuples qu'on dénombre ;
Et tout ce qui n'est point à l'Asie est à l'ombre,
A la nuit, au désert, au sauvage aquilon ;
Toutes les nations rampent sous son talon
Ou grelottent au Nord, sous la bise et la pluie ;
Mais la Grèce est un point lumineux qui l'ennuie ;
Il se pourrait qu'un jour cette clarté perçât,
Et rendit l'espérance à l'univers forçat ;
L'Asie obscure et vaste en frémit sous son voile ;
Et l'énorme noirceur cherche à tuer l'étoile.

II

LE DÉNOMBREMENT

On se mettait en route à l'heure où le jour naît.

Le bagage marchait le premier, puis venait
Le gros des nations, foule au hasard semée,
Qui faisait à peu près la moitié de l'armée.
Dire leurs noms, leurs cris, leurs chants, leurs pas, leur bruit,
Serait vouloir compter les souffles de la nuit ;
Les peuples n'ont pas tous les mêmes mœurs ; les Scythes,
Qui font à l'Occident de sanglantes visites,
Vont tout nus ; le Macron, qui du Scythe est rival,
A pour casque une peau de tête de cheval
Dont il a sur le front les deux oreilles droites ;
Ceux de Paphlagonie ont des bottes étroites
De peau tigrée, avec des clous sous les talons,
Et leurs arcs sont très-courts et leurs dards sont très-longs ;
Les Daces, dont les rois ont pour palais un bouge,
Ont la moitié du corps peinte en blanc, l'autre en rouge ;
Le Sogde emmène en guerre un singe, Béhémos,
Devant lequel l'augure inquiet dit des mots
Ténébreux, et pareils aux couleuvres sinistres ;
On voit passer parmi les tambours et les cistres
Les deux sortes de fils du vieil Ethiopus,
Ceux-ci les cheveux plats, ceux-là les fronts crépus ;

Les Bars au turban vert viennent des deux Chaldées ;
Les piques des guerriers de Thrace ont dix coudées ;
Ces peuples ont chez eux un oracle de Mars ;
Comment énumérer les Sospires camards,
Les Lygiens, pour bain cherchant les immondices,
Les Saces, les Micois, les Parthes, les Dadyces,
Ceux de la mer Persique au front ceint de varechs,
Et ceux d'Assur armés presque comme les Grecs,
Artée et Sydamnès, rois du pays des fièvres,
Et les noirs Caspiens, vêtus de peaux de chèvres,
Et dont les javelots sont brûlés par le bout.

Comme dans la chaudière une eau se gonfle et bout,
Cette troupe s'enflait en avançant, de sorte
Qu'on eût dit qu'elle avait l'Afrique pour escorte,
Et l'Asie, et tout l'âpre et féroce Orient.
C'étaient les Nims, qui vont à la guerre en criant,
Les Sardes, conquérants de Sardaigne et de Corse,
Les Mosques tatoués sous leur bonnet d'écorce,
Les Gètes, et, hideux, pressant leurs rangs épais,
Les Bactriens, conduits par le mage Hystapès.
Les Tybarènes, fils des races disparues,
Avaient des boucliers couverts de peaux de grues ;
Les Lybs, nègres des bois, marchaient au son des cors ;
Leur habit était ceint par le milieu du corps,
Et chacun de ces noirs, outre les cimeterres,

Avait deux épieux, bons à la chasse aux panthères ;
Ils habitaient jadis sur le fleuve Strymon.
Les Abrodes avaient l'air fauve du démon,
Et l'arc de bois de palme et la hache de pierre ;
Les Gandars se teignaient de safran la paupière ;
Les Syriens portaient des cuirasses de bois ;
On entendait au loin la flûte et le hautbois
 Des montagnards d'Abysse et le cri des Numides
Amenant, du pays où sont les Pyramides,
Des chevaux près desquels l'éclair est paresseux ;
Ceux de Lydie étaient coiffés de cuivre, et ceux
D'Hyrcanie acceptaient pour chef de leur colonne
Megapane, qui fut prince de Babylone ;
Puis s'avançaient les blonds Miliens, studieux
De ne point offenser les démons ni les dieux ;
Puis ceux d'Ophir, enfants des mers mystérieuses ;
Puis ceux du fleuve Phta, qu'ombragent les yeuses,
Cours d'eau qui, hors des monts où l'asphodèle croît,
Sort par un défilé long et sinistre, étroit
Au point qu'il n'y pourrait passer une charrette ;
Puis les Gours, nés dans l'ombre où l'univers s'arrête ;
Les satrapes du Gange avaient des brodequins
Jusqu'à mi-jambe, ainsi que les chefs africains.
Leur prince était Arthane, homme de renommée,
Fils d'Artha, que le roi Cambyse avait aimée
Au point de lui bâtir un temple en jade vert.
Puis venait un essaim de coureurs du désert,
Les Sagastes, ayant pour toute arme une corde.

La légion marchait à côté de la horde,
L'homme nu coudoyait l'homme cuirassé d'or.
Une captive en deuil, la sibylle d'Endor,
S'indignait, murmurant de lugubres syllabes ;
Les chevaux ayant peur des chameaux, les Arabes
Se tenaient à distance et venaient les derniers;
Après eux cheminaient, encombrés des paniers
Où brillait le butin rapporté des ravages,
Cent chars d'osier traînés par des ânes sauvages.

L'attroupement formé de cette façon-là
Par tous ceux que la Perse en ses rangs appela,
Épais comme une neige au souffle de la bise,
Commandé par vingt chefs monstrueux, Mégabise,
Hermamythre, Masange, Acrise, Artaphernas,
Et poussé par les rois aux grands assassinats,
Cet énorme tumulte humain, semblable aux rêves,
Cet amas bigarré d'archers, de porte-glaives,
Et de cavaliers droits sur les lourds étriers,
Défilait, et ce tas de marcheurs meurtriers
Passait pendant sept jours et sept nuits dans les plaines,
Troupeau de combattants aux farouches haleines,
Vaste et terrible, noir comme le Phlégéton,
Et qu'on faisait marcher à grands coups de bâton.
Et ce nuage était de deux millions d'hommes.

III

LA GARDE

Ninive, Sybaris, Chypre, et les cinq Sodomes
Ayant fourni beaucoup de ces soldats, la loi
Ne les admettait point dans la garde du roi.
L'armée est une foule ; elle chante, elle hue ;
Mais la garde, jamais mêlée à la cohue,
Muette, comme on est muet près des autels,
Marchait seule ; et d'abord venaient les Immortels,
Semblables aux lions secouant leurs crinières ;
Rien n'était comparable au frisson des bannières
Ouvrant et refermant leurs plis pleins de dragons ;
Tout le sérail du roi suivait dans des fourgons ;
Puis marchaient, plus pressés que l'herbe des collines,
Les eunuques, armés de longues javelines ;
Puis les bourreaux, masqués, traînant les appareils
De torture et d'angoisse, à des griffes pareils,
Et la cuve où l'on fait bouillir l'huile et le nitre.
Le Perse a la tiare et le Mède a la mitre ;
Les Dix mille, persans, mèdes, tous couronnés,
S'avançaient, fiers, ainsi que des frères aînés,
Et ces soldats mitrés étaient sous la conduite
D'Alphès, qui savait tous les chemins, hors la fuite ;

Et devant eux couraient, libres et sans liens,
Ces grands chevaux sacrés qu'on nomme Nyséens.
Puis, commandés chacun par un roi satellite,
Venaient trente escadrons de cavaliers d'élite,
Tous la pique baissée à cause du roi, tous
Vêtus d'or sous des peaux de zèbres ou de loups;
Ces hommes étaient beaux comme l'aube sereine;
Puis des prêtres portaient le pétrin où la reine
Faisait cuire le pain sans orge et sans levain;
Huit chevaux blancs tiraient le chariot divin
De Jupiter, devant lequel le clairon sonne
Et dont le cocher marche à pied, vu que personne
N'a le droit de monter au char de Jupiter.
Les constellations qu'au fond du sombre éther
On entrevoit ainsi qu'en un bois les dryades,
Tous ces profonds flambeaux du ciel, ces myriades
De clartés, Arcturus, Céphée, et l'alcyon
De la mer étoilée et noire, Procyon,
Pollux qui vient vers nous, Castor qui s'en éloigne,
Cet amas de soleils qui pour les dieux témoigne,
N'a pas plus de splendeur et de fourmillement
Que cette armée en marche autour du roi dormant;

Car le roi sommeillait sur son char formidable.

IV

LE ROI

Il était là, superbe, obscur, inabordable;
Par moments, il bâillait, disant : Quelle heure est-il?
Artabane son oncle, homme auguste et subtil,
Répondait : Fils des dieux, roi des trois Ecbatanes,
Où les fleuves sacrés coulent sous les platanes,
Il n'est pas nuit encor, le soleil est ardent,
O roi, reposez-vous, dormez, et cependant,
Je vais vous dénombrer votre armée inconnue
De vous-même et pareille aux aigles dans la nue.
Dormez. Alors, tandis qu'il nommait les drapeaux
Du monde entier, le roi rentrait dans son repos,
Et se rendormait, sombre; et le grand char d'ébène
Avait, sur son timon de structure thébaine,
Pour cocher un seigneur nommé Patyramphus.
Deux mille bataillons, mêlant leurs pas confus,
Mille éléphants portant chacun sa tour énorme,
Suivaient, et d'un croissant l'armée avait la forme;
L'archer suprême était Mardonius, bâtard;
L'armée était nombreuse à ce point que, plus tard,

Elle but en un jour tout le fleuve Scamandre ;
Les villes derrière elle étaient des tas de cendre ;
Tout saignait et brûlait quand elle avait passé.
On enjamba l'Indus comme on saute un fossé.
Artabane ordonnait tout ce qu'un chef décide ;
Pour le reste on prenait les conseils d'Hermécyde,
Homme considéré des peuples du Levant.

L'armée ainsi partit de Lydie, observant
Le même ordre jusqu'au Caÿce, et, de ce fleuve,
Gagna la vieille Thèbe après la Thèbe neuve,
Et traversa le sable immense où la guida
Par-dessus l'horizon le haut du mont Ida.
Puis on vit l'Ararat, cîme où s'arrêta l'Arche.
Les gens de pied faisaient dans cette rude marche
Dix stades chaque jour et les cavaliers vingt.

Quand l'armée eut passé le fleuve Halys, on vint
En Phrygie, et l'on vit les sources du Méandre ;
C'est là qu'Apollon prit la peine de suspendre
Dans Célène, à trois clous, au poteau du marché,
La peau de Marsyas, le satyre écorché.
On gagna Colossos, chère à Minerve Aptère,
Où le fleuve Lycus se cache sous la terre,

Puis Cydre où fut Crésus, le maître universel,
Puis Anane, et l'étang d'où l'on tire le sel ;
Puis on vit Canos, mont plus affreux que l'Érèbe,
Mais sans en approcher ; et l'on prit Callathèbe
Où des chiens de Diane on entend les abois,
Ville où l'homme est pareil à l'abeille des bois
Et fait du miel avec de la fleur de bruyère.
Le jour d'après on vint à Sardes, ville altière
D'où l'on fit dire aux Grecs d'attendre avec effroi,
Et de tout tenir prêt pour le souper du roi.
Puis on coupa l'Athos que la foudre fréquente ;
Et, des eaux de Sanos jusqu'à la mer d'Acanthe,
On fit un long canal évasé par le haut ;
Enfin, sur une plage où souffle ce vent chaud
Qui vient d'Afrique, terre ignorée et maudite,
On fit près d'Abydos, entre Seste et Médyte,
Un vaste pont porté par de puissants donjons,
Et Tyr fournit la corde et l'Égypte les joncs.
Ce pont pouvait donner passage à des armées.
Mais une nuit, ainsi que montent des fumées,
Un nuage farouche arriva, d'où sortit
Le semoun, près duquel l'ouragan est petit ;
Ce vent sur les travaux poussa les flots humides,
Rompit arches, piliers, tabliers, pyramides,
Et heurtant l'Hellespont contre le Pont-Euxin,
Fauve, il détruisit tout, comme on chasse un essaim ;
Et la mer fut fatale. Alors le roi sublime
Cria : — Tu n'es qu'un gouffre, et je t'insulte, abîme !

Moi je suis le sommet. Lâche mer, souviens-t'en. —
Et donna trois cents coups de fouet à l'Océan.

Et chacun de ces coups de fouet toucha Neptune.

Alors ce dieu, qu'adore et que sert la Fortune,
Mouvante comme lui, créa Léonidas,
Et de ces trois cents coups il fit trois cents soldats,
Gardiens des monts, gardiens des lois, gardiens des villes,
Et Xercès les trouva debout aux Thermopyles.

LE DÉTROIT DE L'EURIPE

Il faisait nuit; le ciel sinistre était sublime;
La terre offrait sa brume et la mer son abîme.
Voici la question qui se posait devant
Des hommes secoués par l'onde et par le vent :
Faut-il fuir le détroit d'Euripe ? Y faut-il faire
Un front terrible à ceux que le destin préfère,
Et qui sont les affreux conquérants sans pitié?
Ils ont une moitié, veulent l'autre moitié,

Et ne s'arrêteront qu'ayant toute la terre.
Demeurer, ou partir ? Choix grave. Angoisse austère.
Les chefs délibéraient sur un grand vaisseau noir ;
Bien que ce ne soit pas la coutume d'avoir
Des colloques la nuit entre les capitaines,
La guerre ayant déjà des chances incertaines,
Et l'ombre ne pouvant, dans les camps soucieux,
Qu'ajouter à la nuit des cœurs la nuit des cieux,
Bien que l'heure lugubre où le prêtre médite
Soit aux discussions des soldats interdite,
On était en conseil, vu l'urgence. Il fallait
Savoir si l'on peut prendre une hydre en un filet,
Et la Perse en un piége, et forcer les passages
De l'Euripe malgré l'abîme et les présages.
Les hommes ont l'énigme éternelle autour d'eux.
Devait-on accepter un combat hasardeux ?
Les nefs étaient à l'ancre autour du grand navire.
Les mâts se balançaient sur le flot qui chavire,
L'aquilon remuait l'eau que rien ne corrompt ;
Et sur la poupe altière où veillaient, casque au front,
Les archers de Platée, hommes de haute taille,
Thémistocle, debout en habit de bataille,
Cherchant à distinguer dans l'ombre des lueurs,
Parlait aux commandants de la flotte, rêveurs.

— Eurybiade, à qui Pallas confie Athène,
Noble Adymanthe, fils d'Ocyre, capitaine

De Corinthe, et vous tous, princes et chefs, sachez
Que les dieux sont sur nous à cette heure penchés ;
Tandis que ce conseil hésite, attend, varie,
Je vois poindre une larme aux yeux de la patrie ;
La Grèce en deuil chancelle et cherche un point d'appui.
Rois, je sais que tout ment, demain trompe aujourd'hui,
Le jour est louche, l'air est fuyant, l'onde est lâche ;
Le sort est une main qui nous tient, puis nous lâche ;
J'estime peu la vague instable; mais je dis
Qu'un gouffre est moins mouvant sous des pieds plus hardis
Et qu'il faut traiter l'eau comme on traite la vie,
Avec force et dédain ; et, n'ayant d'autre envie
Que la bataille, ô Grecs, je la voudrais tenter !
Il est temps que les cœurs renoncent à douter,
Et tout sera perdu, peuple, si tu n'opposes
La fermeté de l'homme aux trahisons des choses.
Nous sommes de fort près par Némésis suivis,
Tout penche, et c'est pourquoi je vous dis mon avis.
Restons dans ce détroit. Ce qui me détermine,
C'est de sauver Mégare, Egine et Salamine,
Et je trouve prudent en même temps que fier
De protéger la terre en défendant la mer.
L'immense roi venu des ténèbres profondes
Est sur le tremblement redoutable des ondes,
Qu'il y reste, et luttons corps à corps. Rois, je veux
Prendre aux talons celui qui nous prend aux cheveux,
Et frapper cet Achille à l'endroit vulnérable.
Que l'augure, appuyé sur son sceptre d'érable,

Interroge le foie et le cœur des moutons,
Et tende dans la nuit ses deux mains à tâtons,
C'est son affaire ; moi soldat, j'ai pour augure
Le Glaive, et c'est par lui que je me transfigure.
Combattre, c'est démence? Ah ! soyons insensés !
Je sais bien que ce prince est effrayant, je sais
Que du vaisseau qu'il monte un démon tient la barre ;
Ces Mèdes sont hideux, et leur flotte barbare
Fait fuir éperdûment la flottante Délos ;
Ils ont bouleversé la mer, troublé ses flots,
Et dispersé si loin devant eux les écumes
Que l'eau de l'Hellespont va se briser à Cumes ;
Je sais cela. Je sais aussi qu'on peut mourir.

UN PRÊTRE.

Ce n'est point pour l'Hadès, trop pressé de s'ouvrir,
Que la nature, source et principe des choses,
Tend sa triple mamelle à tant de bouches roses ;
Elle n'a point pour but le monstrueux tombeau ;
Elle hait l'affreux Mars soufflant sur son flambeau ;
Tendre, elle donne, au seuil des jours pleins de chimères,
Pour berceuse aux enfants l'espérance des mères,
Et le glaive farouche est par elle abhorré
Quand elle fait jaillir des seins le lait sacré.

THÉMISTOCLE.

Prêtre, je sais cela. Mais la patrie existe.
Pour les vaincus, la lutte est un grand bonheur triste
Qu'il faut faire durer le plus longtemps qu'on peut.
Tâchons de faire au fil des Parques un tel nœud
Que leur fatal rouet déconcerté s'arrête.
Ici nous couvrons tout, de l'Eubée à la Crète ;
C'est donc ici qu'il faut frapper ce roi, contraint
De confier sa flotte au détroit qui l'étreint ;
Nous sommes peu nombreux, mais profitons de l'ombre ;
La grande audace peut cacher le petit nombre,
Et d'ailleurs à la mort nous irons radieux.
Montrons nos cœurs vaillants à ce grand ciel plein d'yeux.
Si l'abîme est obscur, les étoiles sont claires ;
Les heures noires sont de bonnes conseillères,
O rois, et je reçois volontiers de la nuit
L'avis sombre qui fait que l'ennemi s'enfuit.
Par le tombeau béant je me laisse convaincre ;
Consentir à mourir c'est consentir à vaincre ;
La tombe est la maison du pâle sphinx guerrier
Qui promet un cyprès et qui donne un laurier ;
Elle se ferme au brave osant heurter sa porte ;
Car, devant un héros, la mort est la moins forte.

C'est pourquoi ceux qui sont imprudents ont raison.
Les deux mille vaisseaux qu'on voit à l'horizon
Ne me font pas peur. J'ai nos quatre cents galères,
L'onde, l'ombre, l'écueil, le vent, et nos colères.
Il est temps que les dieux nous aident, et d'ailleurs
Nous serons pires, nous, s'ils ne sont pas meilleurs.
Nous les ferons rougir de nous trahir. Le sage,
C'est le hardi. Vaincu, moi, je crache au visage
Du destin ; et, vainqueur, et mon pays sauvé,
J'entre au temple et je baise à genoux le pavé.
Combattons. —

     Comme s'ils entendaient ces paroles,
Les vaisseaux secouaient aux vents leurs banderolles ;
Deux jours après, à l'heure où l'aube se leva,
Les chevaux du soleil dirent : Xercès s'en va !

LA CHANSON DE SOPHOCLE A SALAMINE

Me voilà, je suis un éphèbe,
Mes seize ans sont d'azur baignés ;
Guerre, déesse de l'Erèbe,
Sombre guerre aux cris indignés,

Je viens à toi, la nuit est noire !
Puisque Xercès est le plus fort,
Prends-moi pour la lutte et la gloire
Et pour la tombe ; mais d'abord

Toi dont le glaive est le ministre,
Toi que l'éclair suit dans les cieux,
Choisis-moi de ta main sinistre
Une belle fille aux doux yeux,

Qui ne sache pas autre chose
Que rire d'un rire ingénu,
Qui soit divine, ayant la rose
Aux deux pointes de son sein nu,

Et ne soit pas plus importune
A l'homme plein du noir destin
Que ne l'est au profond Neptune
La vive étoile du matin.

Donne-la-moi, que je la presse
Vite sur mon cœur enflammé,
Je veux bien mourir, ô déesse,
Mais pas avant d'avoir aimé.

LES BANNIS

Cynthée, Athénien proscrit, disait ceci :
Un jour, moi Cynthœus et Méphialte aussi,
Tous deux exilés, lui de Sparte, moi d'Athènes,
Nous suivions le sentier que voici dans les plaines,
Car on nous a bannis au désert de Thryos.
Un bruit pareil au bruit de mille chariots,
Un fracas comme en peut faire un million d'hommes,
S'éleva tout à coup dans la plaine où nous sommes,

Alors pour écouter nous nous sommes assis;
Et ce grand bruit venait du côté d'Eleusis;
Or Eleusis était alors abandonnée,
Et tout était désert de Thèbe à Mantinée
A cause du ravage horrible des Persans.
Les champs sans laboureurs, les routes sans passants,
Attristaient le regard depuis plus d'une année.
Nous étions là, la face à l'orient tournée,
Et l'étrange rumeur sur nos têtes passait;
Et Méphialte alors me dit : Qu'est-ce que c'est?
— Je l'ignore, lui dis-je. Il reprit : C'est l'Attique
Qui se soulève, ou bien c'est l'Iacchus mystique
Qui parle bruyamment dans le ciel à quelqu'un.
— Ami, ce que l'exil a de plus importun,
Repris-je, c'est qu'on est en proie à la chimère.
Et cependant le bruit cessa. — Fils de ta mère,
Me dit-il, je suis sûr qu'on parle en ce ciel bleu,
Et c'est la voix d'un peuple ou c'est la voix d'un dieu.
Maintenant comprends-tu ce que cela veut dire?
— Non. — Ni moi. Cependant je sens comme une lyre
Qui dans mon cœur s'éveille et chante, et qui répond,
Sereine, à ce fracas orageux et profond.
— Et moi, dis-je, j'entends de même une harmonie
Dans mon âme, et pourtant la rumeur est finie.
Alors Méphialtès s'écria : — Crois et vois.
Nous avons tous les deux entendu cette voix;
Elle n'a point passé pour rien sur notre tête;
Elle nous donne avis que la revanche est prête;

Qu'aux champs où, jeune, au tir de l'arc je m'exerçais
Des enfants ont grandi qui chasseront Xercès!
Cette voix a l'accent farouche du prodige.
Si c'est le cri d'un peuple, il est pour nous, te dis-je;
Si c'est un cri des dieux, il est contre ceux-là
Par qui le sol sacré de l'Olympe trembla.
Xercès souille la Grèce auguste. Il faut qu'il parte! —
Et moi banni d'Athène et lui banni de Sparte,
Nous disions; lui : — Que Sparte, invincible à jamais,
Soit comme un lever d'astre au-dessus des sommets! —
Et moi : — Qu'Athènes vive et soit du ciel chérie! —
Et nous étions ainsi pensifs pour la patrie.

AIDE OFFERTE A MAJORIEN

PRÉTENDANT A L'EMPIRE

―――

Germanie. Forêt. Crépuscule. Camp. Majorien à un créneau. Une immense horde humaine emplissant l'horizon.

UN HOMME DE LA HORDE

Majorien, tu veux de l'aide. On t'en apporte.

MAJORIEN.

Qui donc est là?

L'HOMME.

La mer des hommes bat ta porte.

MAJORIEN.

Peuple, quel est ton chef?

L'HOMME.

Le chef s'appelle Tous.

MAJORIEN.

As-tu des tyrans?

L'HOMME.

Deux. Faim et soif.

MAJORIEN.

Qu'êtes-vous?

L'HOMME.

Nous sommes les marcheurs de la foudre et de l'ombre.

MAJORIEN.

Votre pays?

L'HOMME.

La nuit.

MAJORIEN,

Votre nom?

L'HOMME.

Les Sans nombre.

MAJORIEN.

Ce sont vos chariots qu'on voit partout là-bas?

L'HOMME.

Quelques-uns seulement de nos chars de combats.

Ce que tu vois ici n'est que notre avant-garde.
Dieu seul peut nous voir tous quand sur terre il regarde

MAJORIEN.

Qu'est-ce que vous savez faire en ce monde ?

L'HOMME.
Errer.

MAJORIEN.

Vous qui cernez mon camp, peut-on vous dénombrer ?

L'HOMME.
Oui.

MAJORIEN.

Pour passer ici devant l'aigle romaine,
Combien vous faudra-t-il de temps ?

L'HOMME.
Une semaine.

MAJORIEN.

Qu'est-ce que vous voulez?

L'HOMME.

     Nous nous offrons à toi.
Car avec du néant nous pouvons faire un roi.

MAJORIEN.

César vous a vaincus.

L'HOMME.

   Qui, César?

MAJORIEN.

      Nul ne doute
Que Dentatus n'ait mis vos hordes en déroute.

L'HOMME.

Va-t-en le demander aux os de Dentatus.

MAJORIEN.

Spryx vous dompta.

L'HOMME.

Je ris.

MAJORIEN.

Cimber vous a battus.

L'HOMME.

Nous n'avons de battu que le fer de nos casques.

MAJORIEN.

Qui donc vous a chassés jusqu'ici?

L'HOMME.

Les bourrasques,

Les tempêtes, la pluie et la grêle, le vent,
L'éclair, l'immensité; personne de vivant.
Nul n'est plus grand que nous sur la terre où nous sommes.
Nous fuyons devant Dieu, mais non devant les hommes.
Nous voulons notre part des tièdes horizons.
Si tu nous la promets, nous t'aidons. Finissons.
Veux-tu de nous? La paix. N'en veux-tu pas? La guerre.

MAJORIEN.

Me redoutez-vous?

L'HOMME.

Non.

MAJORIEN.

Me connaissez-vous?

L'HOMME.

Guère.

MAJORIEN.

Que suis-je pour vous?

L'HOMME.

Rien. Un homme. Le romain.

MAJORIEN.

Mais où donc allez-vous ?

L'HOMME.

La terre est le chemin,
Le but est l'infini, nous allons à la vie.
Là-bas une lueur immense nous convie.
Nous nous arrêterons lorsque nous serons là.

MAJORIEN.

Quel est ton nom à toi qui parles?

L'HOMME.
Attila.

V

APRÈS LES DIEUX, LES ROIS

II

DE RAMIRE A COSME DE MÉDICIS

L'HYDRE

Quand le fils de Sancha, femme du duc Geoffroy,
Gil, ce grand chevalier nommé l'Homme qui passe,
Parvint, la lance haute et la visière basse,
Aux confins du pays dont Ramire était roi,
Il vit l'hydre. Elle était effroyable et superbe ;
Et, couchée au soleil, elle rêvait dans l'herbe.

Le chevalier tira l'épée et dit : C'est moi.
Et l'hydre, déroulant ses torsions farouches,
Et se dressant, parla par une de ses bouches,
Et dit : — Pour qui viens-tu, fils de doña Sancha?
Est-ce pour moi, réponds, ou pour le roi Ramire?
— C'est pour le monstre. — Alors c'est pour le roi, beau sire.
Et l'hydre, reployant ses nœuds, se recoucha.

LE ROMANCERO DU CID

L'entrée du roi.

Vous ne m'allez qu'à la hanche;
Quoique altier et hasardeux,
Vous êtes petit, roi Sanche;
Mais le Cid est grand pour deux.

Quand chez moi je vous accueille
Dans ma tour et dans mon fort,
Vous tremblez comme la feuille,
Roi Sanche, et vous avez tort.

Sire, ma herse est fidèle ;
Sire, mon seuil est pieux ;
Et ma bonne citadelle
Rit à l'aurore des cieux.

Ma tour n'est qu'un tas de pierre,
Roi, mais j'en suis le seigneur ;
Elle porte son vieux lierre
Comme moi mon vieil honneur.

Mes hirondelles sont douces ;
Mes bois ont un pur parfum ;
Mes nids n'ont pas dans leurs mousses
Un cheveu pris à quelqu'un.

Tout passant, roi de Castille,
More ou juif, rabbin, émir,
Peut entrer dans ma bastille
Tranquillement, et dormir.

Je suis le Cid calme et sombre
Qui n'achète ni ne vend,
Et je n'ai sur moi que l'ombre
De la main du Dieu vivant.

Cependant je vous admire,
Vous m'avez fait triste et nu,
Et vous venez chez moi, sire;
Roi, soyez le mal venu.

II

souvenir de Chimène.

Si le mont faisait reproche
A l'air froid, aigre et jaloux,
C'est moi qui serais la roche,
Et le vent ce serait vous.

Roi, j'en connais qui trahissent,
Mais je suis le vieux soumis;
Tous vos amis me haïssent,
Moi je hais vos ennemis.

Et dans mon dédain je mêle
Tous vos favoris, ô roi;
L'épaisseur de ma semelle
Me suffit entre eux et moi.

Roi, quand j'épousai ma femme,
J'eus à me plaindre de vous ;
Pourtant je n'ai rien dans l'âme,
Dieu fut grand, le ciel fut doux,

L'évêque avait sa barette ;
On marchait sur des tapis ;
Chimène eut sa gorgerette
Pleine de fleurs et d'épis.

J'avais un habit de moire
Sous l'acier de mon corset.
Je ne garde en ma mémoire
Que le soleil qu'il faisait.

Entrez en paix dans ma ville.
On vous parlerait pourtant
D'une façon plus civile
Si l'on était plus content.

III

Le roi jaloux.

Parce que, Léon, la Manche,
L'Ebre, on vous a tout donné,
Et qu'on était grand, don Sanche,
Avant que vous fussiez né,

Est-ce une raison pour être
Vil envers moi qui suis vieux ?
Roi, c'est trop d'être le maître
Et d'être aussi l'envieux.

Nous, fils de race guerrière,
Seigneur, nous vous en voulons
Pour vos rires par derrière
Qui nous mordent les talons.

Est-ce qu'à votre service
Le Cid s'est estropié
Au point d'avoir quelque vice
Dans le poignet ou le pié,

Qu'il s'entend, sans frein ni règle,
Moquer par vos gens à vous?
Ne suis-je plus qu'un vieux aigle
A réjouir les hiboux?

Roi, qu'on mette, avec sa chape,
Sa mître et son palefroi,
Dans une balance un pape
Portant sur son dos un roi;

Ils pèseront dans leur gloire
Moins que moi, Campeador,
Quand le roi serait d'ivoire,
Quand le pape serait d'or!

IV

Le roi ingrat.

Je vous préviens qu'on me fâche,
Moi qui n'ai rien que ma foi,
Lorsqu'étant homme, on est lâche,
Et qu'on est traître, étant roi.

Je sens vos ruses sans nombre ;
Oui, je sens tes trahisons.
Moi pour le bien, toi pour l'ombre,
Dans la nuit nous nous croisons.

Je te sers, et je m'en vante ;
Tu me hais et tu me crains ;
Et mon cheval t'épouvante
Quand il jette au vent ses crins.

Tu te fais, tristes refuges,
Adorer soir et matin
En castillan par tes juges,
Par tes prêtres en latin.

Roi, si deux et deux font quatre
Un fourbe est un mécréant.
Quant à moi, je veux rabattre
Plus d'un propos malséant.

Quand don Sanche est dans sa ville,
Il me parle avec hauteur ;
Je suis un bien vieux pupille
Pour un si jeune tuteur.

Je ne veux pas qu'on me manque.
Quand tu me fais défier
Par ton clerc à Salamanque,
A Jaen par ton greffier;

Quand, derrière tes murailles
Où tu chasses aux moineaux,
Roi, je t'entends qui me railles,
Moi, l'arracheur de créneaux,

Je pourrais y mettre un terme;
Je t'enverrais, roi des Goths,
D'une chiquenaude à Lerme
Ou d'un soufflet à Burgos.

V

Le roi défiant.

Quand je songe en ma tanière
Mordant ma barbe et rêvant,
Regardant dans ma bannière
Les déchirures du vent,

Ton effroi sur moi se penche.
Tremblant, par tes alguazils
Tu te fais garder, roi Sanche,
Contre mes sombres exils.

Moi, je m'en ris. Peu m'importe
O roi, quand un vil gardien
Couche en travers de ta porte,
Qu'il soit homme ou qu'il soit chien !

Tu dis à ton économe,
A tes pages blancs ou verts :
— « A quoi pense ce bonhomme
« Qui regarde de travers ?

« A quoi donc est-ce qu'il songe ?
« Va-t-il rompre son lien ?
« J'ai peur. Quel est l'os qu'il ronge ?
« Est-ce son nom ou le mien ?

« Qu'est-ce donc qu'il prémédite ?
« S'il n'est traître, il en a l'air.
« Dans sa montagne maudite
« Ce baron-là n'est pas clair.

« A quoi pense ce convive
« Des loups et des bûcherons?
« J'ai peur. Est-ce qu'il ravive
« La fraîcheur des vieux affronts?

« Le laisser libre est peu sage ;
« Le Cid est mal muselé. » —
Roi, c'est moi qui suis ma cage
Et c'est moi qui suis ma clé.

C'est moi qui ferme mon antre ;
Mes rocs sont mes seuls trésors ;
Et c'est moi qui me dis : rentre !
Et c'est moi qui me dis : sors !

Soit que je vienne ou que j'aille,
Je tire seul mon verrou.
Ah! tu trouves que je bâille
Trop librement dans mon trou !

Tu voudrais dans ma vieillesse,
Comme un dogue dans ta cour,
M'avoir, moi, le Cid, en laisse,
Et me tenir dans ma tour,

Et me tenir dans mes lierres,
Gardé comme les brigands... —
Va mettre des muselières
Aux gueules des ouragans !

VI

Le roi abject.

Roi que gêne la cuirasse,
Roi qui m'as si mal payé,
Tu fais douter de ta race ;
Et, dans sa tombe ennuyé,

Ton vieux père, âme loyale,
Dit : — Quelque bohémien
A dans la crèche royale
Mis son fils au lieu du mien ! —

Roi, ma meilleure cuisine
C'est du pain noir, le sais-tu,
Avec quelque âpre racine,
Le soir quand on s'est battu.

M'as-tu nourri sous ta tente,
Et suis-je ton écolier?
M'as-tu donné ma patente
De comte et de chevalier?

Roi, je vis dans la bataille.
Si tu veux, comparons-nous.
Pour ne point passer ta taille,
Je vais me mettre à genoux.

Pendant que tu fais tes pâques
Et que tu dis ton credo,
Je prends les tours de Saint-Jacques
Et les monts d'Oviédo.

Je ne m'en fais pas accroire.
Toi-même tu reconnais
Que j'ai la peau toute noire
D'avoir porté le harnais.

Seigneur, tu fis une faute
Quand tu me congédias;
C'est mal de chasser un hôte,
Fou de chasser Ruy Diaz.

Roi, c'est moi qui te protége.
On craint le son de mon cor.
On croit voir dans ton cortége
Un peu de mon ombre encor.

Partout, dans les abbayes,
Dans les forts baissant leurs ponts,
Tes volontés obéies
Font du mal, dont je réponds.

Roi par moi; sans moi, poupée !
Le respect qu'on a pour toi,
La longueur de mon épée
En est la mesure, ô roi !

Ce pays ne connaît guère,
Du Tage à l'Almonacid,
D'autre musique de guerre
Que le vieux clairon du Cid.

Mon nom prend toute l'Espagne,
Toute la mer à témoin ;
Ma fanfare de montagne
Vient de haut et s'entend loin.

Mon pas fait du bruit sur terre,
Et je passe mon chemin
Dans la rumeur militaire
D'un triomphateur romain.

Et tout tremble, Irun, Coïmbre,
Santander, Almodovar,
Sitôt qu'on entend le timbre
Des cymbales de Bivar.

VII

Le roi fourbe.

Certe, il tient moins de noblesse
Et de bonté, vois-tu bien,
Roi, dans ton collier d'Altesse,
Que dans le collier d'un chien !

Ta foi royale est fragile.
Elle affirme, jure et fuit.
Roi, tu mets sur l'évangile
Une main pleine de nuit.

Avec toi tout est précaire,
Surtout quand tu t'es signé
Devant quelque reliquaire
Où le saint tremble indigné.

A tes traités, verbiage,
Je préférerais souvent
Les promesses du nuage
Et la parole du vent.

La parole qu'un roi fausse
Derrière les gens trahis,
N'est plus que la sombre fosse
De la pudeur d'un pays.

Moi, je tiens pour périls graves,
Et je dois le déclarer,
Ce qu'en arrière des braves
Les traîtres peuvent jurer.

Roi, vous l'avouerez, j'espère,
Mieux vaut avoir au talon
Le venin d'une vipère
Que le serment d'un félon.

Je suis dans ma seigneurie,
Parlant haut, quoique vassal.
Après cela, je vous prie
De ne pas le prendre mal.

VIII

Le roi voleur.

Roi, fallait-il que tu vinsses
Pour nous écraser d'impôts?
Nous vivons dans nos provinces,
Pauvres sous nos vieux drapeaux.

Nous bravons tes cavalcades.
Sommes-nous donc des vilains
Pour engraisser des alcades
Et nourrir des chapelains?

Quant à payer, roi bravache,
Jamais! et j'en fais serment.
Ma ville est-elle une vache
Pour la traire effrontément?

Je vais continuer, sire,
Et te parler du passé,
Puisqu'il est bon de tout dire
Et puisque j'ai commencé.

Roi, tu m'as pris mes villages,
Roi, tu m'as pris mes vassaux ;
Tu m'as pris mes grands feuillages
Où j'écoutais les oiseaux ;

Roi, tu m'as pris mon domaine,
Mon champ, de saules bordé ;
Tu m'allais prendre Chimène,
Roi, mais je t'ai regardé.

Si les rois étaient pendables,
Je t'aurais offert déjà
Dans mes ongles formidables
Au gibet d'Albavieja.

D'ombre en vain tu t'environnes ;
Ma colère un jour pensa
Prendre l'or de tes couronnes
Pour ferrer Babieça.

Je suis plein de rêves sombres,
Ayant, vieux suspect vainqueur,
Toute ma gloire en décombres
Dans le plus noir de mon cœur.

IX

Le roi soudard.

Quand vous entrez en campagne,
Louche orfraie au fatal vol,
On ferait honte à l'Espagne
De vous nommer espagnol.

Sire, on se bat dans les plaines,
Sire, on se bat dans les monts ;
Les campagnes semblent pleines
D'archanges et de démons.

On se bat dans les provinces ;
Et ce choc de boucliers
Va de vous les petits princes
A nous les grands chevaliers.

Les rocs ont des citadelles
Et les villes ont des tours
Où volent à tire d'ailes
Les aigles et les vautours.

La guerre est le cri du reitre,
Du vaillant et du maraud,
Un jeu d'en bas, et peut-être
Un jugement de là-haut;

La guerre, cette aventure
Sur qui plane le corbeau,
Se résout en nourriture
Pour les bêtes du tombeau;

Le chacal se désaltère
A tous ces sanglants hasards;
Et c'est pour les vers de terre
Que travaillent les césars;

Les camps sont de belles choses;
Mais l'homme loyal ne croit
Qu'à la justice des causes
Et qu'à la bonté du droit.

Car la guerre est folle et rude.
Pour la faire honnêtement
Il faut une certitude
Prise dans le firmament.

Je remarque en mes tristesses
Que la gloire aux durs sentiers
Ne connaît pas les altesses
Et s'en passe volontiers.

Un soldat vêtu de serge
Est parfois son favori ;
Et l'épée est une vierge
Qui veut choisir son mari.

Roi, les guerres que vous faites
Sont les guerres d'un félon
Qui souffle dans des trompettes
Avec un bruit d'aquilon ;

Qui, ne risquant son panache
Qu'à demi dans les brouillards,
S'il voit des hommes se cache,
Et vient s'il voit des vieillards ;

Qui, se croyant Alexandre,
Ne laisse dans les maisons
Que des os dans de la cendre
Et du sang sur des tisons;

Et qui, riant sous les portes,
Vous montre, quand vous entrez,
Sur des tas de femmes mortes
Des tas d'enfants éventrés.

X

Le roi couard.

Roi, dans tes courses damnées,
Avec tes soldats nouveaux,
Ne va pas aux Pyrénées,
Ne va pas à Roncevaux.

Ces roches sont des aïeules;
Les mères des océans.
Elles se défendraient seules;
Car ces monts sont des géants.

Une forte race d'hommes,
Pleins de l'âpreté du lieu,
Vit là loin de vos sodomes
Avec les chênes de Dieu.

Y passer est téméraire.
Nul encor n'a deviné
Si le chêne est le grand frère
Ou bien si l'homme est l'aîné.

Ce peuple est là, loin du monde,
Libre hier, libre demain.
Sur ces hommes l'éclair gronde ;
Leur chien leur lèche la main.

Hercule y vint. Tout recule
Dans ces monts où fuit l'isard.
Roi, César après Hercule,
Charlemagne après César,

Ont crié miséricorde
Devant ces pâtres jaloux
Chaussés de souliers de corde
Et vêtus de peaux de loups.

Dieu, caché sous leur feuillage,
Prit ce noir pays vaillant
Pour faire naître Pélage,
Pour faire mourir Roland.

Si jamais, dans ces repaires,
Risquant tes hautains défis,
Tu venais voir si les pères
Vivent encor dans les fils,

Eusses-tu vingt mille piques,
Eusses-tu, roi fanfaron,
Tes bannières, tes musiques,
Tout ton bruit de moucheron,

Pour que tu t'en ailles vite,
Fussent-ils un contre cent,
Et pour qu'on te voie en fuite,
De mont en mont bondissant,

Comme on voit des rocs descendre
Les torrents en février,
Il te suffirait d'entendre
La trompe d'un chevrier.

XI

Le roi moqueur.

Quand, barbe grise, je parle
Du saint pays montagnard,
Et du grand empereur Charle
Et du grand bâtard Bernard,

Et d'Hercule et de Pélage,
Roi Sanche, tu me crois fou ;
Tu prends ces fiertés de l'âge
Pour la rouille d'un vieux clou.

Mais ton vain rire farouche,
Roi, n'est pas une raison
Qui puisse fermer la bouche
A quelqu'un dans ma maison ;

C'est pourquoi je continue,
Te saluant du drapeau,
Et te parlant tête nue
Quand tu gardes ton chapeau.

XII

Le roi méchant.

J'ai, dans Albe et dans Girone,
Vu l'honnête homme flétri,
Et des gens dignes d'un trône
Qu'on liait au pilori ;

J'ai vu, c'est mon amertume,
Tes bourreaux abattre, ô roi,
Des fronts qu'on avait coutume
De saluer plus que toi.

Rois, Dieu fait croître où nous sommes,
Dans ce monde de péchés,
Une herbe de têtes d'hommes,
Et c'est vous qui la fauchez.

Ah ! nos maîtres, quand vous n'êtes,
Avec vos vils compagnons,
Occupés que de sornettes,
Nous pleurons et nous saignons.

Roi, cela fendrait des pierres
Et toucherait des voleurs
Que de si fermes paupières
Versent de si sombres pleurs !

Sous toi l'Espagne est mal sûre
Et tremble, et finit par voir,
Roi, que ta main lui mesure
Trop d'aunes de crêpe noir.

J'ai reconnu, car vous êtes
Le sinistre et l'inhumain,
Des amis dans des squelettes
Qui pendaient sur le chemin.

J'ai, dans les forêts prochaines,
Vu le travail des bourreaux,
Et la tristesse des chênes
Pliant au poids des héros.

J'ai vu râler sous des porches
De vieux corps désespérés.
Roi, de lances et de torches
Ces pays sont effarés.

J'ai vu des ducs et des comtes
S'agenouiller au billot.
Tu ne nous dois pas de comptes,
Cœur trop bas et front trop haut!

Roi, le sang qu'un roi pygmée
Verse à flots par ses valets
Fait une sombre fumée
Sur les dalles des palais.

O. roi des noires sentences,
Un vol de corbeaux te suit,
Tant les chaînes des potences
Dans ton règne font de bruit!

Vous avez fouetté des femmes
Dans Vich et dans Alcala,
Ce sont des choses infâmes
Que vous avez faites là!

Tu n'es qu'un méchant, en somme.
Mais je te sers, c'est la loi;
La difformité de l'homme
N'étant pas comptée au roi.

XIII

Le Cid fidèle.

Princes, on voit souvent croître
Des gueux entre les pavés
Qui font de vous dans un cloître
Des moines aux yeux crevés.

Je ne suis pas de ces traîtres ;
Je suis muré dans ma foi,
Les grands spectres des ancêtres
Sont toujours autour de moi,

Comme on a, dans les campagnes
Où rit la verte saison,
Une chaîne de montagnes
Qui ferme l'âpre horizon.

Il n'est pas de cœurs obliques
Voués aux vils intérêts
Dans nos vieilles républiques
De torrents et de forêts.

Le traître est pire qu'un more ;
De son souffle il craint le bruit ;
Il met un masque d'aurore
Sur un visage de nuit ;

Rouge aujourd'hui comme braise,
Noir hier comme charbon.
Roi, moi je respire à l'aise ;
Et quand je parle, c'est bon.

Roi, je suis un homme probe
De l'antique probité.
Chimène recoud ma robe,
Mais non pas ma loyauté.

Je sonne à l'ancienne mode
La cloche de mon beffroi.
Je trouve même incommode
D'avoir des fourbes chez moi.

Sous cette fange, avarice,
Vol, débauche, trahison,
Je ne veux pas qu'on pourrisse
Le plancher de ma maison.

Reconnais à mes paroles
Le Cid aimé des meilleurs
A qui les pâtres d'Eroles
Donnent des chapeaux de fleurs.

XIV

Le Cid honnête.

Donc, sois tranquille, roi Sanche.
Tu n'as rien à craindre ici.
La vieille âme est toute blanche
Dans le vieux soldat noirci.

Grondant, je te sers encore.
Dieu m'a donné pour emploi,
Sire, de courber le more
Et de redresser le roi.

Étant durs pour vous, nous sommes
Doux pour le peuple aux abois,
Nous autres les gentilshommes
Des bruyères et des bois.

Personne sur nous ne marche.
Il suffit de oui, de non,
Pour rompre à nos ponts une arche,
A notre chaîne un chaînon.

Loin de vos palais infâmes
 Pleins de gens aux vils discours,
 La fierté pousse en nos âmes
Comme l'herbe dans nos cours.

Les vieillards ont des licences,
 Seigneur, et ce sont nos mœurs
 De rudoyer les puissances
 Dans nos mauvaises humeurs.

Le Cid est, suivant l'usage
 Droit, sévère et raisonneur.
 Peut-être n'est-ce point sage;
 Mais c'est honnête, seigneur.

Pour avoir ce qu'il désire,
 Le flatteur baise ton pied.
 Nous disons ce qu'il faut, sire,
 Et nous faisons ce qui sied.

Nous vivons aux solitudes
Où tout croît dans les sentiers
Excepté les habitudes
Des valets et des portiers.

Nous fauchons nos foins, nos seigles,
Et nos blés aux flancs des monts ;
Nous entendons des cris d'aigles
Et nous nous y conformons.

Nous savons ce que vous faites,
Sire, et, loin de son lever,
De ses gibets, de ses fêtes,
Le prince nous sent rêver.

Nous avons l'absence fière ;
Et sommes peu courtisans,
Ayant sur nous la poussière
Des batailles et des ans.

Et c'est pourquoi je te parle
Comme parlait, grave et seul,
A ton aïeul Boson d'Arle
Gil de Bivar mon aïeul.

D'où naît ton inquiétude?
D'où vient que ton œil me suit
Épiant mon attitude
Comme un nuage de nuit?

Craindrais-tu que je te prisse
Un matin dans mon manteau?
Et que j'eusse le caprice
D'une ville ou d'un château?

Roi, la chose qui m'importe
C'est de vivre exempt de fiel;
Non de glisser sous ma porte
Ma main jusqu'à Peñafiel.

Roi, le Cid que l'âge gagne
S'aime mieux, en vérité,
Montagnard dans sa montagne
Que roi dans ta royauté.

Roi, le Cid qu'on amadoue,
Mais que nul n'intimida,
Ne t'a pas donné Cordoue
Pour te prendre Lérida.

Qu'ai-je besoin de Tortose,
De tes tours d'Alcacébé,
Et de ta chambre mieux close
Que la chambre d'un abbé,

Et des filles de la reine,
Et des plis de brocart d'or
De ta robe souveraine
Que porte un corrégidor,

Et de tes palais de marbre?
Moi qui n'ai qu'à me pencher
Pour prendre une mûre à l'arbre
Et de l'eau dans le rocher!

XV

Le roi est le roi.

Roi, vous vous croyez moins prince
Et vous jurez par l'enfer
Dans cette montagne où grince
Ma vieille herse de fer;

D'effroi votre âme est frappée;
Vous vous défiez, trompeur;
Traître et poltron, mon épée
Vous fait honte et vous fait peur.

Vous me faites garder, sire;
Vous me faites épier
Par tous vos barons de cire
Dans leurs donjons de papier;

Derrière vos capitaines
Vous tremblez en m'approchant;
Comme l'eau sort des fontaines,
Le soupçon sort du méchant;

Votre altesse scélérate
N'aurait pas d'autre façon
Quand je serais un pirate,
Le spectre de l'horizon!

Vous consultez des sorcières
Pour que je meure bientôt;
Vous cherchez dans mes poussières
De quoi faire un échafaud;

Vous rêvez quelque équipée;
Vous dites bas au bourreau
Que, lorsqu'un homme est épée,
Le sépulcre est le fourreau;

Votre habileté subtile
Me guette à tous les instants;
Eh bien! c'est peine inutile
Et vous perdez votre temps;

Vos précautions sont vaines;
Pourquoi? je le dis à tous :
C'est que le sang de mes veines
N'est pas à moi, mais à vous.

Quoique vous soyez un prince
Vil, on ne peut le nier,
Le premier de la province,
De la vertu le dernier;

Quoiqu'à ta vue on se sauve,
Seigneur; quoique vous ayez
Des allures de loup fauve
Dans des chemins non frayés;

Quoiqu'on ait pour récompense
La haine de vos bandits;
Et malgré ce que je pense,
Et malgré ce que je dis,

Roi, devant vous je me courbe,
Raillé par votre bouffon;
Le loyal devant le fourbe,
L'acier devant le chiffon;

Devant vous, fuyard, s'efface
Le Cid, l'homme sans effroi.
Que voulez-vous que j'y fasse
Puisque vous êtes le roi!

XVI

Le Cid est le Cid.

Don Sanche, une source coule
A l'ombre de mes donjons;
Comme le Cid dans la foule
Elle est pure dans les joncs.

Je n'ai pas d'autre vignoble ;
Buvez-y ; je vous absous.
Autant que vous je suis noble
Et chevalier plus que vous.

Les savants, ces prêcheurs mornes,
Sire, ont souvent pour refrains
Qu'un trône même a des bornes
Et qu'un roi même a des freins ;

De quelque nom qu'il se nomme,
Nul n'est roi sous le ciel bleu
Plus qu'il n'est permis à l'homme
Et qu'il ne convient à Dieu ;

Mais pour marquer la limite
Il faudrait étudier ;
Il faudrait être un ermite
Ou bien un contrebandier.

Moi, ce n'est pas mon affaire ;
Je ne veux rien vous ôter ;
Étant le Cid, je préfère
Obéir à disputer.

Accablez nos sombres têtes
De désespoir et d'ennuis,
Roi, restez ce que vous êtes;
Je reste ce que je suis.

J'ai toujours, seul dans ma sphère,
Souffert qu'on me dénigrât.
Je n'ai pas de compte à faire
Avec le roi, mon ingrat.

Je t'ai, depuis que j'existe,
Donné Jaen, Balbastro,
Et Valence, et la mer triste
Qui fait le bruit d'un taureau,

Et Zamora, rude tâche,
Huesca, Jaca, Teruel,
Et Murcie où tu fus lâche,
Et Vich où tu fus cruel,

Et Lerme et ses sycomores,
Et Tarragone et ses tours,
Et tous les ans des rois mores,
Et le grand Cid tous les jours!

Nos deux noms iront ensemble
Jusqu'à nos derniers neveux.
Souviens-t-en, si bon te semble ;
N'y songe plus, si tu veux.

Je baisse mes yeux, j'en ôte
Tout regard audacieux ;
Entrez sans peur, roi mon hôte ;
Car il n'est qu'un astre aux cieux !

Cet astre de la nuit noire,
Roi, ce n'est pas le bonheur,
Ni l'amour, ni la victoire,
Ni la force ; c'est l'honneur.

Et moi qui sur mon armure
Ramasse mes blancs cheveux,
Moi sur qui le soir murmure,
Moi qui vais mourir, je veux

Que, le jour où sous son voile
Chimène prendra le deuil,
On allume à cette étoile
Le cierge de mon cercueil.

⋆

Ainsi le Cid, qui harangue
Sans peur ni rébellion,
Lèche son maître, et sa langue
Est rude, étant d'un lion.

LE ROI DE PERSE

Le roi de Perse habite, inquiet, redouté,
En hiver Ispahan et Tiflis en été ;
Son jardin, paradis où la rose fourmille,
Est plein d'hommes armés, de peur de sa famille ;
Ce qui fait que parfois il va dehors songer.
Un matin, dans la plaine il rencontre un berger
Vieux, ayant près de lui son fils, un beau jeune homme.

— Comment te nommes-tu? dit le roi. — Je me nomme
Karam, dit le vieillard, interrompant un chant
Qu'il chantait au milieu des chèvres, en marchant ;
J'habite un toit de jonc sous la roche penchante,
Et j'ai mon fils que j'aime, et c'est pourquoi je chante,
Comme autrefois Hafiz, comme à présent Sadi,
Et comme la cigale à l'heure de midi. —
Et le jeune homme alors, figure humble et touchante,
Baise la main du pâtre harmonieux qui chante
Comme à présent Sadi, comme autrefois Hafiz.
— Il t'aime, dit le roi, pourtant il est ton fils.

LES DEUX MENDIANTS

LA TAXE AU SAINT-EMPIRE. — LA DIME AU SAINT-SIÉGE

L'un s'appelle César, l'autre se nomme Pierre.
Celui-là fait le guet, celui-ci la prière;
Tous deux sont embusqués au détour du chemin,
Ont au poing l'escopette, et la sébile en main,
Vident les sacs d'argent, partagent les maraudes,

Et l'on règne, et l'on fait payer les émeraudes
Des tiares à ceux qui n'ont pas de souliers.
Les dogmes et les lois sont de profonds halliers
Où des tas de vieux droits divins mêlent leurs branches;
Qui mendie en cette ombre a ses allures franches;
Nul n'échappe. Arrêtez! il faut payer, de gré
Ou de force, en passant dans le noir bois sacré.
Les peuples, que l'infâme ignorance ravage,
Ont au front la sueur de l'antique esclavage.
Christ, c'est pour eux qu'au pied de ta croix, tu prias!
Ils sont les travailleurs; ils sont les parias;
Ils sont les patients qu'on traîne sur des claies.
Certes, rien ne leur manque; ils ont beaucoup de plaies,
Beaucoup d'infirmités qu'ils ne peuvent guérir,
Beaucoup de maux, beaucoup de petits à nourrir;
C'est à ces riches-là que demandent l'aumône
Ce meurt-de-faim, l'autel, et ce pauvre, le trône.

MONTFAUCON

I

POUR LES OISEAUX.

A l'heure où le soleil descend tiède et pâli,
Seul à seul, près du bois de Saint-Jean-d'Angely,
L'archevêque Bertrand parlait au roi Philippe :

— Roi, le trône et l'autel sont le même principe ;
Défendons-nous ensemble ; il faut de tous côtés

Du front du peuple obscur chasser les nouveautés.
Sauver l'Église, ô roi, c'est vous sauver vous-même.
L'État devient plus fort par la terreur qu'il sème,
Et par le tremblement du peuple s'affermit ;
Toujours, quand elle eut peur, la foule se soumit.
Il n'est qu'un droit : régner. Le nécessaire est juste.
Les quatre grands baillis du roi Philippe-Auguste,
Toutes les vieilles lois, c'est trop peu désormais ;
Pour arrêter le mal, sur de hautains sommets,
Il faut la permanence étrange de l'exemple ;
Sire, les schismes vont à l'attaque du temple ;
Le peuple semble las d'être sur les genoux ;
La révolte est sur vous, l'hérésie est sur nous ;
D'où viennent ces essaims tumultueux d'idées ?
Des profondeurs que nul prophète n'a sondées,
Peut-être de la nuit, ou peut-être du ciel.
Parlons bas. Écoutez, roi providentiel.
Rien n'est plus effrayant que ces sombres descentes
D'instincts nouveaux parmi les foules frémissantes ;
Ces chimères d'en haut s'abattant tout à coup
Volent, courent, s'en vont, reviennent, sont partout,
Ouvrent les yeux fermés, fouillent les têtes pleines,
Se mêlent aux esprits, se mêlent aux haleines,
Blessent les dogmes saints dans l'ombre, et, fatal jeu,
Frappent l'homme endormi de mille becs de feu ;
Elles tentent, troublant le mystère où nous sommes,
Un travail inconnu sur le cerveau des hommes,
Leur ôtant quelque chose et leur donnant aussi ;

Quoi? c'est là votre perte et c'est là mon souci.
Que font-elles? du jour, du mal? Qu'apportent-elles?
Un souffle, un bruit, le vent qui tombe de leurs ailes;
Je l'ignore; ici Dieu m'échappe; mais je sai
Qu'il ne nous reste rien quand elles ont passé.

Le roi Philippe écoute, et l'archevêque songe,
Et vers la papauté son bras pensif s'allonge.

— Chassez les nouveautés, roi Philippe.

En marchant,
Tous deux rêveurs, ils sont arrivés près d'un champ
Qu'emplit de son frisson toute une moisson mûre;
Au-dessus des épis jetant un long murmure,
Sous de hauts échalas plantés parmi les blés,
Flottent, mouillés de pluie et de soleil brûlés,
A des cordes que l'air pousse, éloigne et ramène,
De hideux sacs de paille ayant la forme humaine;
Nœuds de débris sans nom, lambeaux fous, balançant
On ne sait quel aspect farouche et menaçant;

Les oiseaux, les moineaux que le blé d'or invite,
L'alouette criant aux autres : Vite ! vite !
Accourent vers le champ plein d'épis ; mais, au vent,
Chaque haillon devient lugubrement vivant,
Et tout l'essaim chantant s'effraie et se dissipe.

— Quel est donc le moyen de régner? dit Philippe.

Comme le roi parlait, l'archevêque pieux
Vit ce champ, hérissé de poteaux et de pieux
Où pendaient, à des fils tremblant quand l'air s'agite,
Des larves qui mettaient tous les oiseaux en fuite.

Et, le montrant au roi, Bertrand dit : Le voici.

II

POUR LES IDÉES.

Et c'est pourquoi, dans l'air par la brume obscurci,
Depuis ces temps de deuil, d'angoisse et de souffrance,
Au-dessus de la foule, au-dessus de la France,
Comme sur Babylone on distingue Babel,
On voit, dans le Paris de Philippe-le-Bel,
On ne sait quel difforme et funèbre édifice.
Tas de poutres hideux où le jour rampe et glisse,
Lourd enchevêtrement de poteaux, de crampons,
Et d'arcs-boutants pareils aux piles des vieux ponts.
Terrible, il apparaît sur la colline infâme.
Les autres monuments, où Paris met son âme,
Colléges, hôpitaux, tours, palais radieux,
Sont les docteurs, les saints, les héros et les dieux;
Lui, misérable, il est le monstre. Fauve, il traîne
Sur sa pente d'où sort une horreur souterraine,
Son funeste escalier qui dans la mort finit;
Tout ce que le ciment, la brique, le granit,

Le fer, peuvent avoir de la bête féroce,
Il l'a ; ses piliers bruts, runes d'un dogme atroce,
Semblent des Irmensuls livides, et ses blocs
Dans l'obscurité vague ébauchent des Molochs ;
Baal pour le construire a donné ses solives
Où flottaient des anneaux que secouaient les dives,
Saturne ses crochets, Teutatès ses menhirs ;
Tous les cultes sanglants ont là leurs souvenirs ;
Si le lierre ou le houx dans ses dalles végète,
Si quelque ronce y croît, la feuille horrible jette
Une ombre onglée et noire, affreux stigmate obscur,
Qui ressemble aux cinq doigts du bourreau sur le mur.
Vil bâtiment des temps fatals fatal complice !
Il est la colonnade immonde du supplice,
L'échafaud que le Louvre a pour couronnement,
La caresse au tombeau, l'insulte au firmament ;
Et cette abominable et fétide bâtisse
Devant le ciel sacré se nomme la Justice,
Et ce n'est pas la moindre horreur du monument
De s'appeler l'autel en étant l'excrément.
Morne, il confine moins aux Paris qu'aux Sodomes.
Spectre de pierre ayant au front des spectres d'hommes,
Inexorable plus que l'airain et l'acier,
Il est, il vit, farouche et sans se soucier
Que le monde à ses pieds souffre, existe ou périsse,
Et contre on ne sait quoi dans l'ombre il se hérisse ;
A de certains moments ce charnier qui se tait
Frissonne, et comme si, triste, il se lamentait,

MONTFAUCON.

Mêle une clameur sourde aux vents, et continue
En râle obscur le bruit des souffles dans la nue;
Là grince le rouet sinistre du cordier.
Du cadavre au squelette on peut étudier
Le progrès que les morts font dans la pourriture;
Chaque poteau chargé d'un corps sans sépulture
Marque une date abjecte, et chaque madrier
Semble le signe affreux d'un noir calendrier.

La nuit il semble croître, et dans le crépuscule
Il a l'air d'avancer sur Paris qui recule.

Rien de plus ténébreux n'a jamais été mis
Sur ce tas imbécile et triste de fourmis
Que la hautaine histoire appelle populace.
O pâle humanité, quand donc seras-tu lasse?

Lugubre vision! au-dessus d'un mur blanc
Quelque chose d'informe et qui paraît tremblant
Se dresse; chaos morne et ténébreux; broussaille
De silence, d'horreur et de nuit qui tressaille;
On ne voit le nuage, et l'ombre aux vagues yeux,
Et le blêmissement formidable des cieux,
Et la brume qui flotte, et l'astre qui flamboie,

Qu'à travers une vaste et large claire-voie
De poutres, dont chacune est un sanglant barreau;
On dirait que Satan, l'infâme ange bourreau,
Dont la rage et la joie et la haine, acharnées,
Exécutent Adam depuis six mille années,
Sur ces fauves piliers a posé de sa main
La grande claie où fut traîné le genre humain.
C'est, dans l'obscurité lugubrement émue,
De la terreur, bâtie en pierre, et qui remue;
C'est délabré, croulant, lépreux, désespéré;
Les poteaux ont pour toit le vide ; le degré
Aboutit à l'échelle et l'échelle aux ténèbres;
Le crépuscule passe à travers des vertèbres
Et montre dans la nuit des pieds aux doigts ouverts;
Entre les vieux piliers, de moisissure verts,
Blêmes quand les rayons de lune s'y répandent,
Là-haut, des larves vont et viennent, des morts pendent,
Et la fouine a rongé leur crâne et leur fémur,
Et leur ventre effrayant se fend comme un fruit mûr;
Si la mort connaissait les trépassés, si l'homme
Valait que le tombeau sût comment il se nomme,
Si l'on comptait les grains du hideux chapelet,
On dirait : — Celui-ci, c'est Tryphon, qui voulait
Fêter le jour de Pâque autrement qu'Irénée ;
Ceux-là sont des routiers, engeance forcenée,
Gueux qui contre le sceptre ont croisé le bâton;
Cet autre, c'est Glanus, traducteur de Platon;
Celui-ci, que des lois frappa la prévoyance,

Osa propager l'art du sorcier de Mayence,
Et jeter à la foule un Virgile imprimé;
C'est Pierre Albin; l'oubli sur lui s'est refermé;
Cet autre est un voleur, cet autre est un poëte.
Derrière leur tragique et noire silhouette,
L'azur luit, le soir vient, l'aube blanchit le ciel;
Le vent, s'il entre là, sort pestilentiel;
Chacun d'eux sous le croc du sépulcre tournoie;
Et tous, que juin les brûle ou que janvier les noie,
S'entreheurtent, fameux, chétifs, obscurs, marquants,
Et sont la même nuit dans les mêmes carcans;
Le craquement farouche et massif des traverses
Accompagne leurs chocs sous les âpres averses,
Et, comble de terreur, on croirait par instant
Que le cadavre, au gré des brises s'agitant,
Avec son front sans yeux et ses dents sans gencives,
Rit dans la torsion des chaînes convulsives;
L'exécrable charnier, sous ses barres de fer,
Regardant du côté de Rome et de l'enfer,
Dans l'étrange épaisseur des brumes infinies
Semble chercher au loin ses sœurs les gémonies,
Et demander au gouffre où nul astre n'a lui
Si Josaphat sera plus sinistre que lui;
Et toujours, au-dessus des clochers et des dômes
Le vent lugubre joue avec tous ces fantômes,
Hier, demain, le jour, la nuit, l'été, l'hiver;
Et ces morts sans repos, où fourmille le ver
Plus que l'abeille d'or dans le creux des yeuses,

Cette agitation d'ombres mystérieuses,
L'affreux balancement de ces spectres hagards,
Ces crânes sans cheveux, ces sourcils sans regards,
Ce grelottement sourd de ferrailles funèbres,
Chassent dans la nuée, à travers les ténèbres,
Les purs esprits de l'aube et de l'azur, venus
Pour s'abattre au milieu des vivants inconnus,
Pour faire leur moisson sublime dans la foule,
Dire aux peuples le mot du siècle qui s'écoule,
Et leur jeter une âme et leur apporter Dieu ;
Et l'on voit, reprenant leur vol vers le ciel bleu,
La sainte vérité, la pensée immortelle,
L'amour, la liberté, le droit, heurtant de l'aile
Le Louvre et son beffroi, l'église et son portail,
Fuir, blancs oiseaux, devant le sombre épouvantail.

LES REITRES

CHANSON BARBARE

       Sonnez, clairons,
         Sonnez, cymbales !
On entendra siffler les balles ;
L'ennemi vient, nous le battrons ;
Les déroutes sont des cavales
Qui s'envolent quand nous soufflons ;
Nous jouerons aux dés sur les dalles
       Sonnez, rixdales,
         Sonnez, doublons !

Sonnez, cymbales,
Sonnez, clairons !
On entendra siffler les balles ;
Nous sommes les durs forgerons
Des victoires impériales ;
Personne n'a vu nos talons ;
Nous jouerons aux dés sur les dalles ;
Sonnez, doublons,
Sonnez, rixdales !

Sonnez, clairons,
Sonnez, cymbales !
On entendra siffler les balles ;
Sitôt qu'en guerre nous entrons
Les rois ennemis font leurs malles,
Et commandent leurs postillons ;
Nous jouerons aux dés sur les dalles ;
Sonnez, rixdales,
Sonnez, doublons !

Sonnez, cymbales,
Sonnez, clairons !
On entendra siffler les balles ;
Sur les villes nous tomberons ;

Toutes femmes nous sont égales,
Que leurs cheveux soient bruns ou blonds;
Nous jouerons aux dés sur les dalles;
    Sonnez, doublons,
    Sonnez, rixdales!

    Sonnez, clairons,
    Sonnez, cymbales!
On entendra siffler les balles;
Du vin! Du faro! Nous boirons!
Dieu, pour nos bandes triomphales
Fit les vignes et les houblons;
Nous jouerons aux dés sur les dalles;
    Sonnez, rixdales,
    Sonnez, doublons!

    Sonnez, cymbales,
    Sonnez, clairons!
On entendra siffler les balles;
Quelquefois, ivres, nous irons
A travers foudres et rafales,
En zigzag, point à reculons.
Nous jouerons aux dés sur les dalles;
    Sonnez, doublons,
    Sonnez, rixdales!

Sonnez, clairons,
Sonnez, cymbales !
On entendra siffler les balles ;
Nous pillons, mais nous conquérons ;
La guerre a parfois les mains sales,
Mais la victoire a les bras longs ;
Nous jouerons aux dés sur les dalles ;
Sonnez, rixdales,
Sonnez, doublons !

Sonnez, rixdales,
Sonnez, doublons !
Nous jouerons aux dés sur les dalles ;
Rois, nous sommes les aquilons ;
Vos couronnes sont nos vassales ;
Et nous rirons quand nous mourrons.
On entendra siffler les balles ;
Sonnez, clairons,
Sonnez, cymbales !

LE COMTE FÉLIBIEN

Attendu qu'il faut mettre à la raison la ville,
Qu'il faut tout écraser dans la guerre civile
Et vaincre les forfaits à force d'attentats,
Cosme vient d'égorger, pêle-mêle, des tas
De misérables, vieux, jeunes, toute une foule,
Dans Sienne où la fierté des grands siècles s'écroule.
Tous les murs sont criblés de biscayens de fer.
Le massacre est fini; mais un reste d'enfer
Est sur la ville, en proie aux cohortes lombardes.

La fumée encor flotte aux gueules des bombardes ;
Et l'horreur du combat, des chocs et des assauts
Est visible partout, dans les rouges ruisseaux,
Et dans l'effarement des morts, faces farouches ;
On dirait que les cris sont encor dans les bouches,
On dirait que la foudre est encor dans les yeux,
Tant les cadavres sont vivants et furieux.
Cependant les marchands ont rouvert leurs boutiques.
Des gens quelconques vont et viennent ; domestiques,
Patrons, clercs, artisans, chacun a son souci ;
Chacun a ce regard qui dit : — C'est bien ainsi.
Finissons-en. Silence ! un nouveau maître arrive. —
L'indifférence aux morts qu'on a, pourvu qu'on vive,
L'acceptation froide et calme des affronts,
Cette lâcheté-là se lit sur tous les fronts.
— Pourquoi ces vanupieds sortaient-ils de leurs sphères ?
Ils sont morts. C'est bien fait. Nous avons nos affaires.
Les rois qui sont un peu tyrans sont presque dieux.
Nous serons muselés et rudoyés ; tant mieux.
Enterrons. Oublions. Et parlons d'autre chose. —
Ainsi le vieux troupeau bourgeois raisonne et glose.
Et tous sont apaisés, et beaucoup sont contents.

Seul, un homme, — on dirait qu'il a près de cent ans
Et qu'il n'en a pas vingt, et qu'un astre est son âme,
A voir son front de neige, à voir ses yeux de flamme, —
Cet homme, moins semblable aux vivants qu'aux aïeux,

Rôde, et, quand il s'arrête, il n'a plus dans les yeux
Qu'un vague reste obscur de lueurs disparues,
Tant il songe et médite! et les passants des rues,
Voyant ce noir rêveur qui vient on ne sait d'où,
Disent : C'est un génie; et d'autres : C'est un fou.
L'un crie : Alighieri! c'est lui! c'est l'homme-fée
Qui revient des enfers comme en revint Orphée;
Orphée a vu Pluton et Dante a vu Satan,
Il arrive de chez les morts; Dante, va-t'en!
L'autre dit : Ce n'est pas Dante, c'est Jérémie.
La plainte a presque peur d'avoir été gémie,
Et se cache devant le vainqueur irrité;
Mais cet homme est un tel spectre dans la cité
Qu'il semble effrayant même à la horde ennemie;
Et pourtant ce n'est point Dante ni Jérémie;
C'est simplement le vieux comte Félibien
Qui ne croit que le vrai, qui ne veut que le bien,
Et par qui fut fondé le collége de Sienne;
Il porte haut la tête étant une âme ancienne,
Et fait trembler; cet homme affronte les vainqueurs;
Mais, dans l'écroulement des esprits et des cœurs,
On le hait; le meilleur semble aux lâches le pire,
Et celui qui n'a pas d'épouvante en inspire.

Qu'importe à ce passant? Dans ce vil guet-apens,
Les uns étant gisants et les autres rampants,
Les uns étant la tombe et les autres la foule,

Il est le seul debout; il songe; le sang coule,
Le sang fume, le sang est partout; sombre, il va.

Tout à coup au détour de la Via Corva,
Il aperçoit dans l'ombre une femme inconnue;
Une morte étendue à terre toute nue,
Corps terrible aux regards de tous prostitué
Et dont le ventre ouvert montre un enfant tué.

Alors il crie : — O ciel! un enfant! guerre affreuse!
Où donc s'arrêtera le gouffre qui se creuse?
Massacrer l'inconnu, l'enfant encor lointain!
Supprimer la promesse obscure du destin!
Mais on poussera donc l'horreur jusqu'au prodige!
Mais vous êtes hideux et stupides, vous dis-je!
Mais c'est abominable, ô ciel! ciel éclatant!
Et les bêtes des bois n'en feraient pas autant!
Qu'on ait tort et raison des deux côtés, qu'on fasse
Au fond le mal, croyant bien faire à la surface,
Vous êtes des niais broyant des ignorants,
Cette justice-là, c'est bien, je vous la rends;
Je vous hais et vous plains. Mais, quoi! quand l'empyrée
Attend du nouveau-né l'éclosion sacrée,
Quoi! ces soldats, ces rois, sans savoir ce qu'ils font,
Touchent avec leur main sanglante au ciel profond!
Ils interrompent l'ombre ébauchant son ouvrage!

Ils veulent en finir d'un coup, et dans leur rage
D'avoir bien fait justice, et d'avoir bien vaincu,
Ils vont jusqu'à tuer ce qui n'a pas vécu !
Mais, bandits, laissez donc au moins venir l'aurore !
Brutes, vous châtiez ce qui n'est pas encore !
La femme que voilà morte sur le pavé,
Qui cachait dans son sein l'enfant inachevé,
L'avenir, l'écheveau des jours impénétrables,
Était de droit divin parmi vous, misérables ;
Car la maternité, c'est la grande action.
Sachez qu'on doit avoir la même émotion
Devant Ève portant les races inconnues
Que devant l'astre immense entrevu dans les nues ;
Sachez-le, meurtriers ! les respects sont pareils
Pour la femme et le ciel, l'abîme des soleils
Étant continué par le ventre des mères.
Rois, le vrai c'est l'enfant ; vous êtes des chimères.
Ah ! maudits ! Mais voyons, réfléchissez un peu.
Crime inouï ! l'enfant arrive en un milieu
Ignoré, parmi nous, il sort des sphères vierges ;
Il quitte les soleils remplacés par vos cierges ;
Sa mère qui le sent remuer, s'attendrit ;
Il n'est pas encor l'homme, il est déjà l'esprit,
Il cherche à deviner sa nouvelle patrie,
Et dans le bercement de cette rêverie
Où tout l'azur divin est vaguement mêlé,
Voilà que, brusque, affreux, de mitraille étoilé,
L'assassinat, au fond de ce flanc qu'on vénère,

Entre avec le fracas infâme du tonnerre,
Et se rue et s'abat, monstrueux ennemi,
Sur le pauvre doux être, ange encore endormi!
Qu'est-ce que ce réveil sans nom, et cette tombe
Ouverte par l'orfraie horrible à la colombe!
Ah! prêtres, qu'a domptés César, vous qu'à leurs plis
Toutes les actions des grands ont assouplis,
Vous qui leur amenez chez eux cette servante,
La prière, et mettez le Te Deum en vente,
Vous qui montrez devant les rois le Tout-Puissant
Agenouillé, lavant les pavés teints de sang,
Vous qui pourtant parfois, fronts chauves, barbes grises,
Avez des tremblements dans vos mornes églises
Et sentez que la tombe est peut-être un cachot,
Prêtres, que pensez-vous qui se passe là-haut,
Dans l'abîme du vrai sans fond, dans le mystère,
Dans le sombre équilibre ignoré, quand la terre
Sinistre, renvoyant l'innocence au ciel bleu,
Jette une petite âme épouvantée à Dieu!

VI

ENTRE LIONS ET ROIS

QUELQU'UN MET LE HOLA

Les grands lions ont dit aux rois épouvantables :
Vous couchez dans des lits, vous buvez à des tables,
Nous couchons sur la pierre et buvons aux ruisseaux ;
Vous faites en marchant le bruit des grandes eaux,
O rois, tant vous avez autour de vous d'armées.
Vos femelles, au bain, pour être parfumées,
Se laissent par l'eunuque infâme manier ;

Les nôtres ont l'odeur féroce du charnier,
Et, comme leur caresse est féconde en blessures,
Nous leur rendons parfois leurs baisers en morsures.
Mais elles ont la fauve et sombre chasteté.
La nuit perfide a beau regarder de côté,
Elle a peur devant nous, et la terreur la gagne
Quand nous questionnons sur l'ombre la montagne ;
Vous, elle vous méprise, et nous, elle nous craint.
Rois, vous croyez avoir le monde, humble et contraint ;
Mais c'est nous qui l'avons. La forêt nous encense.
Rois, nous sommes la faim, la soif, et la puissance ;
Pour manger les agneaux et pour manger les loups
Nos mâchoires font plus de besogne que vous ;
Vous disparaîtriez, ô princes, que nos gueules
Sauraient bien dévorer les hommes toutes seules ;
Chacun de nous au fond de sa caverne est roi ;
Et nous tenons ce sceptre en nos pattes, l'effroi.
Rois, l'échevèlement que notre tête épaisse
Secoue en sa colère est de la même espèce
Que l'avalanche énorme et le torrent des monts.
Rois, vous régnez un peu parce que nous dormons ;
Nos femmes font téter leurs petits sous leurs ventres,
Mais lorsqu'il nous plaira de sortir de nos antres,
Vous verrez. Le seigneur des forêts vous vaut tous.
Sachez que nous n'avons rien au-dessus de nous.
O rois, dans notre voix nous avons le tonnerre.
Le seigneur des forêts n'est pas un mercenaire
Qu'on leurre et qu'on désarme avec un sac d'argent ;

QUELQU'UN MET LE HOLA.

Et nous nous coucherons sur vous en vous rongeant,
Comme vous vous couchez, maîtres, sur vos provinces.
C'est vous les faux bandits et c'est nous les vrais princes.
Vous, et vos légions, vous, et vos escadrons,
Quand nous y penserons et quand nous le voudrons,
O princes, nous ferons de cela des squelettes.
Lâches, vous frissonnez devant des amulettes ;
Mais nous, les seuls puissants, nous maîtres des sommets,
Nous rugissons toujours et ne prions jamais ;
Car nous ne craignons rien. Puisqu'on nous a faits bêtes,
N'importe qui peut bien exister sur nos têtes
Sans que nous le sachions et que nous y songions.
Vous les rois, le ciel noir, plein de religions,
Vous voit, mains jointes, vils, prosternés dans la poudre ;
Mais, tout rempli qu'il est de tempête et de foudre,
De rayons et d'éclairs, il ne sait pas si nous
Qui sommes les lions, nous avons des genoux.

Ainsi les fiers lions parlaient aux rois farouches.
Ce verbe monstrueux rugissait dans leurs bouches,
Et les bois demandaient aux monts : Qu'est-ce que c'est ?
Soudain on entendit une voix qui disait :

Vous êtes les lions, moi je suis Dieu. Crinières,
Ne vous hérissez pas, je vous tiens prisonnières.
Toutes vos griffes sont, devant mon doigt levé,

Ce qu'est sous une meule un grain de sénevé ;
Je tolère les rois comme je vous tolère ;
La grande patience et la grande colère,
C'est moi. J'ai mes desseins. Brutes et rois, tyrans.
Tremblez, eux les mangeurs et vous les dévorants.
Sachez que je suis là. J'abaisse et j'humilie ;
Je tiens, je tords, je courbe, et je lie et délie
La vague adriatique et le vent syrien ;
Je suis celui qui prouve à tous qu'ils ne sont rien ;
Je suis toute l'aurore et je suis toute l'ombre ;
Je suis celui qui sème au hasard et sans nombre,
Et qui, lorsqu'il lui plaît, donne des millions
D'astres aux firmaments et de poux aux lions.

VII

LE CID EXILÉ

LE CID EXILÉ

I

Le Cid est exilé. Qui se souvient du Cid?
Le roi veut qu'on l'oublie; et Reuss, Almonacid,
Graos, tous ses exploits, ressemblent à des songes;
Les rois maures chassés ou pris sont des mensonges;
Et quant à ces combats puissants qu'il a livrés,
Pancorbo, la bataille illustre de Givrez
Qui semble une volée effrayante d'épées,
Coca, dont il dompta les roches escarpées,

Gor où le Cid pleurait de voir le jour finir,
C'est offenser le roi que de s'en souvenir.
Même il est malséant de parler de Chimène.

Un homme étant allé visiter un domaine
Dans les pays qui sont entre l'Èbre et le Cil,
Du côté que le Cid habite en son exil,
A passé par hasard devant son écurie;
Le duc Juan, dont cet homme est serf en Asturie,
Bon courtisan, l'a fait à son retour punir
Pour avoir entendu Babieça hennir.

Donc, chacun l'a pour dit, n'est pas sujet fidèle
Qui parle de Tortose et de la citadelle
Où le glorieux Cid arbora son drapeau;
Dire ces mots : Baxa, Médina del Campo,
Vergara, Salinas, Mondragon-les-Tours-Noires,
Avec l'intention de nommer des victoires,
Ce n'est point d'un loyal Espagnol; qu'autrefois
Un homme ait fait lâcher au comte Odet de Foix
Les infantes d'Irun, Payenne et Manteline;
Que cet homme ait sauvé la Castille orpheline;
Qu'il ait dans la bataille été le grand cimier;
Que les Maures, foulés par lui comme un fumier,
L'admirent, et, vaincus, donnent son nom célèbre
Au ruisseau Cidacos qui se jette dans l'Èbre;

Qu'il ait rempli du bruit de ses fiers pas vainqueurs
Astorga, Zamora, l'Aragon, tous les cœurs ;
Qu'il ait traqué, malgré les gouffres et les piéges,
L'horrible Abdulmalic dans la sierra des Neiges,
En janvier, sans vouloir attendre le dégel ;
Qu'il ait osé défendre aux notaires d'Urgel
De dater leurs contrats de l'an du roi de France ;
Que cet homme ait pour tous été la délivrance,
Allant, marchant, courant, volant de tous côtés,
Effarant l'ennemi dans ces rapidités ;
Qu'on l'ait vu sous Lorca, figure surhumaine,
Et devant Balbastro, dans la même semaine ;
Qu'il ait, sur la tremblante échelle des hasards,
Calme, donné l'assaut à tous les alcazars,
Toujours ferme, et toujours, à Tuy comme à Valence,
Fier dans le tourbillon sombre des coups de lance,
C'est possible ; mais l'ombre est sur cet homme-là ;
Silence. Est-ce après tout grand'chose que cela ?
Le pont Matamoros peut vous montrer ses brèches,
Mais s'il parle du Cid vainqueur, bravant les flèches,
On fera démolir le pont Matamoros !
Le roi ne veut pas plus qu'on nomme le héros
Que le pape ne veut qu'on nomme la comète ;
Il n'est pas démontré que l'aigle se permette
De faire encor son nid dans ce mont Muradal
Qui fit de Tizona la sœur de Durandal.

II

Du reste, comme il faut des héros pour la guerre,
Le roi cassant le Cid, a trouvé bon d'en faire :
Il en a fait. L'Espagne a des hommes nouveaux.
Alvar Rambla, le duc Nuño Saz y Calvos,
Don Gil, voilà les noms dont la foule s'effare ;
Ils sont dans la lumière, ils sont dans la fanfare ;
Leur moindre geste s'enfle au niveau des exploits ;
Et, dans leur antichambre, on entend quelquefois
Les pages, d'une voix féminine et hautaine,
Dire : — Ah oui-da, le Cid ! c'était un capitaine
D'alors. Vit-il encor, ce Campéador-là ?

Le Cid n'existe plus auprès d'Alvar Rambla ;
Gil, plus grand que le Cid, dans son ombre le cache ;
Nuño Saz engloutit le Cid sous son panache ;
Sur Achille tombé les myrmidons ont crû ;
Et du siècle du Cid le Cid a disparu.

L'exil, est-ce l'oubli vraiment ? une mémoire
Qu'un prince étouffe, est-elle éteinte pour la gloire ?

Est-ce à jamais qu'Alvar, Nuño, Gil, nains heureux,
Éclipsent le grand Cid exilé derrière eux?

Quand le voyageur sort d'Oyarzun, il s'étonne,
Il regarde, il ne voit, sous le noir ciel qui tonne,
Que le mont d'Oyarzun, médiocre et pelé :
— Mais ce Pic du Midi dont on m'avait parlé,
Où donc est-il? Ce Pic, le plus haut des Espagnes,
N'existe point. S'il m'est caché par ces montagnes,
Il n'est pas grand. Un peu d'ombre l'anéantit. —
Cela dit, il s'en va, point fâché, lui petit,
Que ce mont qu'on disait si haut ne soit qu'un rêve.
Il marche, la nuit vient, puis l'aurore se lève,
Le voyageur repart, son bâton à la main,
Et songe, et va disant tout le long du chemin :
— Bah! s'il existe un Pic du Midi, que je meure!
La montagne Oyarzun est belle, à la bonne heure! —
Laissant derrière lui hameaux, clochers et tours,
Villes et bois, il marche un jour, deux jours, trois jours;
— Le genre humain dirait trois siècles; — il s'enfonce
Dans la lande à travers la bruyère et la ronce;
Enfin, par hasard, las, inattentif, distrait,
Il se tourne, et voici qu'à ses yeux reparaît,
Comme un songe revient confus à la pensée,
La plaine dont il sort et qu'il a traversée,
L'église et la forêt, le puits et le gazon;
Soudain, presque tremblant, là-bas, sur l'horizon

Que le soir teint de pourpre et le matin d'opale,
Dans un éloignement mystérieux et pâle,
Au delà de la ville et du fleuve, au-dessus
D'un tas de petits monts sous la brume aperçus
Où se perd Oyarzun avec sa butte informe,
Il voit dans la nuée une figure énorme ;
Un mont blême et terrible emplit le fond des cieux ;
Un pignon de l'abîme, un bloc prodigieux
Se dresse, aux lieux profonds mêlant les lieux sublimes,
Sombre apparition de gouffres et de cîmes,
Il est là ; le regard croit sous son porche obscur
Voir le nœud monstrueux de l'ombre et de l'azur,
Et son faîte est un toit sans brouillard et sans voile,
Où ne peut se poser d'autre oiseau que l'étoile ;
C'est le Pic du Midi.

L'Histoire voit le Cid.

III

Grande nouvelle. Émoi dans tout Valladolid.
Quoi ? Qu'est-ce donc ? Le roi se dément ! Le roi cède !

LE CID EXILÉ.

Alphonse a pour maîtresse une fille assez laide,
Et qui, par cela même, on ne sait pas pourquoi,
Fait tout ce qu'elle veut de la raison du roi,
Au point qu'elle en pourrait tirer des choses sages;
Cette fille a-t-elle eu quelques mauvais présages?
Ou bien le roi du peuple entend-il la rumeur?
Est-il las des héros qu'il a faits par humeur?
Finit-il par trouver cette gloire trop plate?
Craint-il que tout à coup une guerre n'éclate
Qui soit vraiment méchante et veuille un vrai héros?
Le certain, c'est qu'après le combat de taureaux
Son Altesse un dimanche a dit dans la chapelle :
— Ruy Diaz de Bivar revient. Je le rappelle.
Je le veux. — Ils sont là plus d'un esprit subtil;
Pourtant pas un n'a dit : Mais le Cid voudra-t-il?
N'importe, il plaît au roi de revoir ce visage.

Pour éblouir le Cid, il charge du message
Un roi, l'homme entre tous vénéré dans sa cour,
Son vassal, son parent, le roi d'Acqs-en-Adour,
Santos-le-Roux, qu'on nomme aussi le Magnanime,
Parce qu'étant tuteur d'Atton, comte de Nîme,
Il le fit moine, et prit sa place, et confisqua
Ses biens pour les donner au couvent de Huesca.

IV

Ce sont de braves cœurs que les gens de la plaine ;
Ils chantent dans les blés un chant bizarre et fou ;
Et quant à leurs habits faits de cuir et de laine,
Boire les use au coude et prier, au genou.

Étant fils du sang basque, ils ont cet avantage
Sur les froids Espagnols murés dans leurs maisons,
Qu'ils préfèrent à l'eau, fût-elle prise au Tage,
Le vin mystérieux d'où sortent les chansons.

Ils sont hospitaliers, prodigues, bons dans l'âme ;
L'homme dit aux passants : Entrez, les bienvenus !
Pour un petit enfant qu'elle allaite, la femme
Montre superbement deux seins de marbre nus.

Lorsque l'homme est aux champs, la femme reste seule ;
N'importe, entrez ! passants, le lard est sur l'étal,

Mangez! Et l'enfant joue, et dans un coin l'aïeule
Raccommode un vieux cistre aux cordes de métal.

Quelques-uns sont bergers dans les grands terrains vagues,
Champs que les bataillons ont légués aux troupeaux,
Mer de plaines ayant les collines pour vagues,
Où César a laissé l'ombre de ses drapeaux.

Là passent des bœufs roux qui sonnent de la cloche,
Avertissant l'oiseau de leur captivité;
L'homme y féconde un sol plus âpre que la roche,
Et de cette misère extrait de la fierté.

L'égyptienne y rôde, et suspend en guirlandes
Sur sa robe en lambeaux les bleuets du sillon;
La fleur s'offre aux gypsis errantes dans ces landes,
Car, fille du fumier, elle est sœur du haillon.

Là, tout est rude; août flamboie et janvier gèle;
Le zingaro regarde, en venant boire aux puits,
Les ronds mouillés que font les seaux sur la margelle,
Tout cercle étant la forme effrayante des nuits.

Là, dans les grès hideux, l'ermite fait sa grotte.
Lieux tristes! le boucher y vient trois fois par an;

Le grelot des moutons y semble la marotte
Dont l'animal, fou sombre, amuse Dieu tyran.

Peu d'herbe ; les brebis paissent exténuées ;
Le pâtre a tout l'hiver sur son toit de roseaux
Le bouleversement farouche des nuées
Quand les hydres de pluie ouvrent leurs noirs naseaux.

Ces hommes sont vaillants. Ames de candeur pleines,
Leur regard est souvent fauve, jamais moqueur;
Rien ne gêne le souffle immense dans les plaines;
La liberté du vent leur passe dans le cœur.

Leurs filles qui s'en vont laver aux cressonnières,
Plongent leur jambe rose au courant des ruisseaux ;
On ne sait, en entrant dans leurs maisons tanières,
Si l'on voit des enfants ou bien des lionceaux.

Voisins du bon proscrit, ils labourent, ils sèment,
A l'ombre de la tour du preux Campéador;
Contents de leur ciel bleu, pauvres, libres, ils aiment
Le Cid plus que le roi, le soleil plus que l'or.

Ils récoltent au bas des monts, comme en Provence,
Du vin qu'ils font vieillir dans des outres de peau;

Le fisc, quand il leur fait payer leur redevance,
Leur fait l'effet du roi qui leur tend son chapeau.

Les rayons du grand Cid sur leurs toits se répandent;
Il est l'auguste ami du chaume et du grabat;
Car avec les héros les laboureurs s'entendent;
L'épée a sa moisson, le soc a son combat.

La charrue est de fer comme les pertuisanes;
Les victoires, sortant du champ et du hallier,
Parlent aux campagnards étant des paysannes,
Et font le peuple avec la gloire familier.

Ils content que parfois ce grand Cid les arrête,
Les fait entrer chez lui, les nomme par leur nom,
Et que, lorsqu'à l'étable ils attachent leur bête,
Babieça n'est pas hautaine pour l'ânon.

Le barbier du hameau le plus proche raconte
Que parfois chez lui vient le Cid paisible et franc,
Et, vrai ! qu'il s'assied là sur l'escabeau, ce comte
Et ce preux qui serait, pour un trône, trop grand.

Le barbier rase bien le héros, quoiqu'il tremble;
Puis, une loque est là pour tous ceux qui viendront;

Le Cid prend ce haillon, torchon du peuple, et semble
Essuyer le regard des princes sur son front.

Comment serait-il fier puisqu'il a tant de gloire?
Les filles dans leur cœur aiment cet Amadis ;
La main blanche souvent jalouse la main noire
Qui serre ce poing fort, plein de foudres jadis.

Ils se disent, causant, quand les nuits sont tombées,
Que cet homme si doux, dans des temps plus hardis,
Fut terrible, et, géant, faisait des enjambées
Des tours de Pampelune aux clochers de Cadix.

Il n'est pas un d'entre eux qui ne soit prêt à suivre
Partout ce Ruy Diaz comme un céleste esprit,
En mer, sur terre, au bruit des trompettes de cuivre,
Malgré le groupe blond des enfants qui sourit.

Tels sont ces laboureurs. Pour défendre l'Espagne,
Ces rustres au besoin font plus que des infants ;
Ils ont des chariots criant dans la campagne,
Et sont trop dédaigneux pour être triomphants.

Ils cultivent les blés où chantent les cigales ;
Pélage à lui jadis les voyait accourir,

Et jamais ne trouva leurs âmes inégales
Au danger, quel qu'il fût, quand il fallait mourir.

V

Ruy Diaz de Bivar est leur plus belle gerbe.
Dans un beau train de guerre et de chevaux fougueux,
Don Santos traversa leurs villages, superbe,
Avec le bruit d'un roi qui passe chez des gueux.

On ne le suivit point comme on fait dans les villes ;
Nul ne le harangua, ces hommes aux pieds nus
Ayant la nuque dure aux saluts inutiles
Et se dérangeant peu pour des rois inconnus.

— Je suis l'ami du roi, disait-il avec gloire ;
Et nul ne s'inclinait que le corrégidor ;
Le lendemain, ayant grand soif et voulant boire,
Il dit : Je suis l'ami du Cid Campéador.

Don Santos traversa la plaine vaste et rude,
Et l'on voyait au fond la tour du fier banni ;

C'est là qu'était le Cid. Le ciel, la solitude,
Et l'ombre, environnaient sa grandeur d'infini.

Quand Santos arriva, Ruy, qui sortait de table,
Était dans l'écurie avec Babieça ;
Et Santos apparut sur le seuil de l'étable ;
Ruy ne recula point, et le roi s'avança.

La jument, grasse alors comme un cheval de moine,
Regardait son seigneur d'un regard presque humain ;
Et le bon Cid, prenant dans l'auge un peu d'avoine,
La lui faisait manger dans le creux de sa main.

VI

Le roi Santos parla de sa voix la plus haute :
— « Cid, je viens vous chercher. Nous vous honorons tous.
« Vous avez une épine au talon, je vous l'ôte.
« Voici pourquoi le roi n'est pas content de vous :

« Votre allure est chez lui si fière et si guerrière,
« Que, tout roi qu'est le roi, son Altesse a souvent

« L'air de vous annoncer quand vous marchez derrière,
« Et de vous suivre, ô Cid, quand vous marchez devant.

« Vous regardez fort mal toute la servidumbre.
« Cid, vous êtes Bivar, c'est un noble blason;
« Mais le roi n'aime pas que quelqu'un fasse une ombre
« Plus grande que la sienne au mur de sa maison.

« Don Ruy, chacun se plaint : — Le Cid est dans la nue;
« Du sceptre à son épée il déplace l'effroi;
« Ce sujet-là se tient trop droit; il diminue
« L'utile tremblement qu'on doit avoir du roi. —

« Vous n'êtes qu'à peu près le serviteur d'Alphonse;
« Quand le roi brise Arcos, vous sauvez Ordoñez;
« Vous retirez l'épée avant qu'elle s'enfonce;
« Le roi dit : Frappe! Alors, vous Cid, vous pardonnez.

« Qui s'arrête en chemin sert à demi son maître;
« Jamais d'un vain scrupule un preux ne se troubla;
« La moitié d'un ami, c'est la moitié d'un traître;
« Et ce n'est pas pour vous, Cid, que je dis cela.

« Enfin, et j'y reviens, vous êtes trop superbe;
« Le roi jeta sur vous l'exil comme un rideau;

« Rayon d'astre, soyez moins lourd pour lui, brin d'herbe ;
« Ce qui d'abord est gloire à la fin est fardeau.

« Vous êtes au-dessus de tous, et cela gêne ;
« Quiconque veut briller vous sent comme un affront,
« Tant Valence, Graos, Givrez et Carthagène
« Font d'éblouissement autour de votre front.

« Tel mot, qui par moments tombe de vous, fatigue
« Son Altesse à la cour, à la ville, au Prado ;
« Le creusement n'est pas moins importun, Rodrigue,
« De la goutte d'orgueil que de la goutte d'eau.

« Je ne dis pas ceci pour vous, Cid redoutable.
« Vous êtes sans orgueil, étant de bonne foi ;
« Si j'étais empereur, vous seriez connétable ;
« Mais seulement tâchez de faire cas du roi.

« Quand vous lui rapportez, vainqueur, quelque province,
« Le roi trouve, et ceci de nous tous est compris,
« Que jamais un vassal n'a salué son prince,
« Cid, avec un respect plus semblable au mépris.

« Votre bouche en parlant sourit avec tristesse ;
« On sent que le roi peut avoir Burgos, Madrid,

« Tuy, Badajoz, Léon, soit; mais que Son Altesse
« N'aura jamais le coin de la lèvre du Cid.

« Le vassal n'a pas droit de dédain sur le maître.
« On vous tire d'exil; mais, Cid, écoutez-moi,
« Il faut dorénavant qu'il vous convienne d'être
« Aussi grand devant Dieu, moins haut devant le roi.

« Pour apaiser l'humeur du roi, fort légitime,
« Il suffit désormais que le roi, comme il sied,
« Sente qu'en lui parlant vous avez de l'estime. »
Babieça frappait sa litière du pied,

Les chiens tiraient leur chaîne et grondaient à la porte,
Et le Cid répondit au roi Santos-le-Roux :
— Sire, il faudrait d'abord que vous fissiez en sorte
Que j'eusse de l'estime en vous parlant à vous.

VIII

WELF

CASTELLAN D'OSBOR

WELF.
CYADMIS.
HUG.
OTHON.
SYLVESTRE.
UNE PETITE FILLE, mendiante
L'HUISSIER DE L'EMPIRE.
PAYSANS, BOURGEOIS, ÉTUDIANTS
DE L'UNIVERSITÉ CARLOVINGIENNE,
SOLDATS.

Devant le précipice d'Osbor.

WELF

CASTELLAN D'OSBOR.

Le rebord d'un précipice.

Au delà du précipice, qui est très-étroit, se profile une haute tour crénelée sans fenêtres. Des meurtrières çà et là. Le pont-levis dressé cache la porte. Le précipice sert de fossé à cette tour.

Derrière la tour monte, à perte de vue, la montagne couverte de sapins. On ne voit pas le ciel.

SCÈNE PREMIÈRE.

L'HUISSIER DE L'EMPIRE, un groupe de GENS DU PEUPLE.

L'huissier de l'empire, en dalmatique d'argent semée d'aigles noirs, entre, précédé des quatre massiers de la Diète. Il est suivi d'un groupe de paysans et de bourgeois.

Il se tourne vers la tour, où l'on ne voit personne.

L'HUISSIER.

Je fais sommation, moi l'huissier de l'empire,
A toi, baron, rebelle à la Diète de Spire.

Rends-toi, sors. Comparais.

Silence profond dans la tour. On n'y distingue ni un bruit, ni une lumière. Elle semble inhabitée.

UN BOURGEOIS, survenant, aux autres.

A-t-il répondu?

UN PAYSAN.

Non.

L'HUISSIER.

J'ai dit.

Il passe, et disparaît avec les quatre massiers.

LE BOURGEOIS, montrant la tour.

Quel fier dédain! Quel rude compagnon!

UN ÉTUDIANT de l'Université carlovingienne.

Compagnon de personne.

LE PAYSAN.

Oui, pas un ne l'égale.

L'ÉTUDIANT.

Parfois aux champs fauchés il reste une cigale ;
Ainsi cet homme libre est demeuré debout.

LE BOURGEOIS.

Oui, ce mont excepté, l'esclavage est partout.

L'ÉTUDIANT.

Welf, à lui seul, tient tête aux princes d'Allemagne.

UN VIEILLARD.

Il ne veut pas qu'on passe à travers sa montagne,
Il est le protecteur d'un pays inconnu.
Qui troublerait ces monts serait le mal venu.
Il est père des bois. Sa tour fait sentinelle.
Il défend le sapin, l'if, la neige éternelle,
La route avec ses fleurs, la biche avec ses faons,
Et les petits oiseaux sont ses petits enfants.
Il guette. Son regard a des éclairs funèbres
Pour quiconque oserait attaquer ces ténèbres.
On voit la silhouette âpre du chevalier
Dans l'entrecroisement des branches du hallier.
Une sérénité nocturne l'environne.

Son casque n'a jamais salué de couronne.
Il se tient là, barrant le chemin, rassurant
La forêt, le ravin, le rocher, le torrent,
Et garde vierge, aux yeux de toute la contrée,
L'ombre où cette montagne auguste donne entrée.

LE BOURGEOIS.

Il est seul dans sa tour?

LE VIEILLARD.

Il n'a pas un archer.

LE PAYSAN à un autre paysan, montrant la tour.

Tiens! entre les créneaux on peut le voir marcher.

L'ÉTUDIANT.

Tant qu'il vit, la patrie aux fers n'est pas éteinte.

LE VIEILLARD.

Il n'a jamais voulu se marier, de crainte
D'introduire en son antre une timidité.

L'ÉTUDIANT.

Ici l'on rampe.

LE VIEILLARD.

Il est seul de l'autre côté.

LE BOURGEOIS.

On dit qu'il vit là, fauve et noir, sans chefs, sans règles,
Qu'il se fait apporter à manger par les aigles,
Et qu'il n'a jamais ri.

LE VIEILLARD.

     Deuil fièrement porté !
Il est veuf.

LE BOURGEOIS.

Veuf de qui ?

LE VIEILLARD.

Veuf de la liberté.

L'ÉTUDIANT.

Puissant vieillard !

LE VIEILLARD.

Il est inaccessible; il garde
Son fossé, tient dressé son pont-levis, regarde
Par les trous de sa herse, et n'a jamais d'ennui,
Sentant le mont immense en paix derrière lui.

LE BOURGEOIS, regardant à ses pieds.

Le précipice est sombre.

L'ÉTUDIANT, regardant au-dessus de sa tête.

Et la muraille est haute.

LE BOURGEOIS.

Mais s'il repousse un maître, admettrait-il un hôte?

LE VIEILLARD.

Un pauvre, oui.

L'ÉTUDIANT.

Jamais roi dans sa coupe ne but.

LE VIEILLARD.

Il vit sans rendre hommage et sans payer tribut.

LE BOURGEOIS.

Qu'il est heureux! Hélas, les impôts nous obèrent.

LE VIEILLARD.

Mais cela va finir. Les princes délibèrent.
Montrant le revers de la montagne opposé au précipice.
Ils sont là.

LE BOURGEOIS.

Qui donc?

LE VIEILLARD.

Qui? Notre duc Cyadmis,
Le roi d'Arle, et les deux formidables amis
Qui ne se quittent pas, l'un maudit, l'autre frappe,
Othon Trois, empereur, et Sylvestre Deux, pape,

L'ÉTUDIANT.

Qu'importe! le rocher est fort, Welf est viril.

Welf ignore la peur, mais connaît le péril.

LE BOURGEOIS.

Aussi marche-t-il droit sur lui.

L'ÉTUDIANT.

Pas plus qu'Hercule
Il ne tremble, et pas plus qu'Achille il ne recule.

LE BOURGEOIS.

Robuste, il songe, au bord de l'abîme béant.

L'ÉTUDIANT.

Une douceur d'étoile, et le bras d'un géant!

LE VIEILLARD.

Oui. Mais les rois sont las de voir debout dans l'ombre
Le grand ermite armé de la montagne sombre.
Il se penche et leur désigne du doigt un point qu'on ne voit pas.
Vous voyez bien d'ici cette cabane, au flanc
Du ravin, à l'abri de l'aquilon sifflant?
C'est là que les rois sont assemblés.

LE BOURGEOIS.

Combien?

LE PAYSAN.

Quatre.

LE VIEILLARD.

Ce burg les gêne. Ils sont résolus à l'abattre.
C'est dit. Pour vaincre ils ont leurs troupes et leurs gens
Et le dépit amer, force des assiégeants.

LE PAYSAN.

Le castellan va-t-il enfin livrer passage,
Baisser le pont, céder aux rois?

LE BOURGEOIS.

Oui, s'il est sage.

L'ÉTUDIANT.

Non, s'il est grand.

LE VIEILLARD,

Il est sage et grand.

L'ÉTUDIANT, montrant la tour.

La maison
Tiendra ferme, ayant Welf tout seul pour garnison ;
Le vieux songeur n'est pas d'humeur accommodante.
Il mettra des chaudrons sur de la braise ardente,
Et saura leur payer, va, ce qui leur est dû
De poix bouillante, d'huile en feu, de plomb fondu !

LE PAYSAN.

Certes !

L'ÉTUDIANT.

Et l'on verra si leur peau s'accoutume
Au ruissellement large et fumant du bitume.

On voit une fumée sortir du haut de la tour.

LE VIEILLARD.

Tenez, précisément ! Il allume son feu.
Voyez-vous la fumée !

L'ÉTUDIANT.

Il va jouer son jeu,
Faire sa fête, offrir la bataille.

LE BOURGEOIS.

Posture
D'un héros !

LE PAYSAN.

Je veux voir la fin de l'aventure.

LE BOURGEOIS.

Nous, en voyant venir des princes, nous fuyons
Devant ce flamboiement de sinistres rayons ;
Welf les brave.

<small>Montrant le burg.</small>

C'est beau, cette porte fermée.

L'ÉTUDIANT.

D'un côté ce bonhomme, et de l'autre une armée !

LE VIEILLARD.

A lui seul il est grand comme une nation.
D'ordinaire, tout est dans la proportion,
Et le petit est grand près du moindre, et l'arbuste,
Si vous le comparez au brin d'herbe, est robuste.

Mais Welf dépasse tout. C'est un dieu.

On entend une fanfare de trompettes.

LE BOURGEOIS.

Les clairons !
Silence ! Où sont nos trous dans les rochers ? Rentrons.

Tous se dispersent de divers côtés. Entre une troupe de valets de la lance avec de longues piques. En tête les clairons.

Puis un gendarme portant un pennon de guerre.

Derrière le pennon, paraît un homme à cheval entièrement couvert d'une chemise de fer à capuchon, et ayant sur le capuchon une couronne ducale.

Les soldats s'arrêtent, le pennon s'arrête, l'homme à cheval s'arrête, et se tourne vers la tour. Les clairons se taisent.

L'homme à cheval tire son épée.

La tour continue de fumer.

SCÈNE DEUXIÈME.

CYADMIS, LA TOUR, puis HUG, puis OTHON,
puis SYLVESTRE.

CYADMIS, parlant à la tour.

Personne n'a le droit de prendre un coin de terre
Au prince armé par Dieu d'un titre héréditaire.

S'isoler, c'est trahir. Welf, castellan d'Osbor,
Toi qu'on doit comme un ours traquer au bruit du cor,
Je te provoque au bruit du clairon, comme un homme;
Mais d'abord je te parle en ami. Je te somme
D'être un garçon prudent, docile aux bons avis.
Chevalier, haut la herse et bas le pont-levis.
Je veux entrer. Je veux passer. Cette montagne
N'est pas comme la Crète et comme la Bretagne,
Une île, et ce fossé n'est pas la mer. Baron,
Viens, je te chausserai moi-même l'éperon;
Je t'admets dans ma troupe, à vaincre habituée;
Tu seras capitaine, avec une nuée
De trompettes courant et sonnant devant toi.
Descends, ouvre ta porte, et causons. Par ma foi,
Tu n'es pas fait pour vivre entre quatre murailles.
Ami, nous gagnerons ensemble des batailles.
C'est beau d'avoir l'épée au poing, d'être le bras
De la victoire, et d'être un soldat! Tu verras
Comme c'est un bonheur de partir pour la guerre,
Et comme avec orgueil, quittant tout soin vulgaire,
Rois et vassaux, soldats et chefs, nous nous offrons
Un vaste gonflement des drapeaux sur nos fronts!
Quelle joie et quels cris lorsqu'on force une ville!
On se vautre à travers la populace vile!
La femme qu'on fait veuve, on lui prend un baiser.
Tu n'es pas encor d'âge à ne point t'amuser.
En échange d'un burg sur un rocher, je t'offre
Une tente de soie et de l'or à plein coffre,

Et l'altière rumeur des camps et des clairons.
Nous irons conquérir le monde, et nous aurons
Des filles et du vin, et tu feras ripaille
Au lieu de coucher seul dans ton trou sur la paille.
Lève ta herse, accepte, et soyons bons amis.
Ouvre-moi, je tiendrai tout ce que j'ai promis.
Sinon, prends garde à toi. J'ai l'habitude d'être
Patient à l'affront comme au feu le salpêtre.
J'aurai bien vite fait d'écraser ton donjon.
Cueillir un burg ainsi qu'on sarcle un sauvageon,
Et coucher une tour tout de son long dans l'herbe,
Ce sont mes jeux. Sais-tu, de ton château superbe
Ce qui restera, dis, lorsque j'aurai passé?
Une baraque informe au fond d'un noir fossé.
Et de ta haute tour de guerre? Une masure
Bonne aux moineaux cachant leurs nids dans l'embrasure.
Et du sauvage aspect de tes créneaux altiers?
Un tas de pierres, plein de houx et d'églantiers,
Où les femmes viendront faire sécher leur linge.
Je suis Cyadmis, duc et marquis de Thuringe.
Ouvre-moi.

> Silence dans la tour.
>
> Paraît un étendard portant à la hampe une couronne de roi.
>
> Entre, derrière un groupe de trompettes, un homme à cheval, vêtu de drap d'or, ayant une couronne royale sur la tête. Il a un sceptre à la main. A sa suite, marche une compagnie d'arbalétriers bourguignons couronnés de fleurs; ils ont de grandes arbalètes, des boucliers faits d'une peau de bœuf et hauts comme un homme, et les pieds nus dans des chaussures de corde.

Tous s'arrêtent.

Le duc et sa troupe se rangent.

L'homme à couronne royale fait face à la tour. La fanfare cesse.

HUG, parlant à la tour.

Je suis roi d'Arle aux verts coteaux,
Et j'ai pour fiefs Orange et Saint-Paul-Trois-Châteaux ;
A quiconque me brave on sait ce qu'il en coûte,
Et je m'appelle Hug, fils de Boron. Écoute,
Homme de ces monts, toi qui fais de l'ombre ici.
Je ne te vois pas, maître obscur du burg noirci ;
Mais derrière ton mur, tu songes ; je te parle.
Tu n'es pas sans avoir entendu parler d'Arle,
Dont l'aïeul est Priam, car sur nos monts chenus,
Avant les Phocéens, les Troyens sont venus ;
Arle est fille de Troie et mère de Grenoble,
Isidore la nomme une ville très-noble,
Et Théodoric, comte et roi des Goths, l'aima.
Les Français ne l'auront jamais. Gênes, Palma,
Mayorque, Rhode et Tyr sont mes ports tributaires,
J'ai le Rhône, et l'Autriche est une de mes terres.
Arle est riche ; à la Diète elle achète des voix ;
Les califes lui font de précieux envois ;
Elle reçoit par mer les dons de ces hautesses,
Les odeurs d'Arabie, et les délicatesses
De l'Asie, et telle est la beauté de ses tours
Qu'elles attirent l'aigle et chassent les vautours.
Mon sceptre est salué par cent vassaux, tous princes.

J'ai le Rhin aux sept monts, la Gaule aux sept provinces.
T'attaquer, toi vieillard, j'en serais bien fâché.
Donne-nous ta montagne, et je t'offre un duché.
Je t'offre en ma Bourgogne autant de bonne terre
Qu'on en voit de mauvaise en ce mont solitaire.
Accepte, car nos champs donnent beaucoup de blé.
Le trouvère Ericus d'Auxerre en a parlé.
Arles t'attend. Je t'offre en ma ville latine
Un palais où, vieillards à la voix enfantine,
Les poëtes viendront, hôtes mélodieux,
Te chanter, comme au temps qu'on croyait aux faux dieux.
Tu seras un seigneur dans mon pompeux cortége,
Et tu présideras des cours d'amour. La neige,
La bise, le brouillard, les ouragans hurlants,
Font une sombre fête à tes fiers cheveux blancs,
Car cet âpre sommet a, sous le vent sonore,
Plus d'hiver que d'été, plus de nuit que d'aurore.
Viens te chauffer, vieillard. Je t'offre le midi.
Tu cueilleras la rose et le lys d'Engaddi.
Accepte. On trouve ainsi moyen de plaire aux femmes :
Car il est gracieux de s'approcher des dames
En souriant, avec des bouquets dans les mains.
L'aloès, le palmier, les œillets, les jasmins
Emplissent nos jardins d'encens et d'allégresse,
Et l'ancien dieu Printemps, qu'on adorait en Grèce,
N'avait pas plus de fleurs quand il les rassembla
Toutes, pour les offrir aux abeilles d'Hybla.
Lève la herse, abats le pont, ouvre la porte,

Accepte ce que moi, roi d'Arles, je t'apporte.

>Silence dans la tour.
>La fumée s'épaissit et devient rougeâtre.
>Le roi se range près du duc.
>Fanfare.
>Paraît une bannière de drap d'or, portant un grand aigle de sable, éployé. Des sonneurs de trompes et des batteurs de cymbales la précèdent.
>Derrière la bannière, entre un homme à cheval, vêtu de pourpre, ayant dans la main un globe, et sur la tête la couronne impériale.
>Il est suivi d'une poutre à tête de bélier de bronze, portée par des Croates nus, hauts de six pieds. Le bélier est flanqué de montagnards tyroliens en jaquettes bariolées, armés de frondes.
>Tout ce cortége s'arrête et fait face à la tour. Les trompes et les cymbales se taisent.

OTHON, tourné vers la tour.

Othon, empereur, parle à Welf, baron bandit,
Et le bandit se cache, et l'empereur lui dit :
Vassal, ouvre ton burg. Je viens te faire grâce.
Welf, quand c'est l'empereur d'Allemagne qui passe,
La clémence au doux front marche à côté de lui.
Mais l'homme absous, c'est peu; je veux l'homme ébloui.
Quand l'empereur pardonne, il donne une province.
Le duc te fait soldat, le roi duc, et moi prince.
Chacun de nous, suivant sa taille, te grandit.
Je puis, si je le veux, te mettre en interdit;
J'aime mieux t'attirer, moi centre, dans ma sphère,
Te couvrir de splendeur et d'aurore, et te faire

Roi près de l'empereur, astre près du soleil.
Ton pennon couronné sera presque pareil
A ma bannière, alors qu'on tremble, et que la terre
Se courbe et cherche à fuir sous mon cri militaire,
Et qu'on voit s'envoler dans l'orage en avant
L'hydre noire au bec d'aigle ouvrant son aile au vent !
Welf, obéis. Je suis celui qui tient le globe.
J'ai la guerre et la paix dans les plis de ma robe.
Je t'offre la Hongrie, un royaume. Veux-tu ?

Silence dans la tour.
Fanfare.
L'empereur se range près du roi et du duc.
Paraît une grande croix d'or à trois branches. Derrière le porte-croix, qui est habillé de violet, vient, sur une mule blanche, un vieillard vêtu de blanc, qui a la tiare en tête. Il est seul, sans gardes. Le porte-croix s'arrête. La fanfare se tait. Le vieillard parle à la tour.

SYLVESTRE.

Moi, j'ai les clefs. La force est moins que la vertu.
Deux mains jointes font plus d'ouvrage sur la terre
Que tout le roulement des machines de guerre.
César est grand ; mais Christ, à la douceur enclin,
Près de l'homme de pourpre a mis l'homme de lin.
Je suis le Père. En moi la lumière se lève,
Et ce que l'empereur commence, je l'achève ;
Il absout pour la terre, et j'absous pour le ciel.
Le grand César ne peut rien donner d'éternel.
Il t'offre une couronne, et moi je t'offre une âme ;

La tienne. En t'isolant, comme en un schisme infâme,
Triste excommunié, tu l'as perdue, hélas!
Je te la rends. Frémis, vieillard, tu reculas
Vers Satan, et tu fis outrage au ciel propice
Quand tu mis entre nous et toi ce précipice.
Fils, veux-tu regagner ta part du paradis,
Rentrer chez les élus, fuir de chez les maudits?
Cède à moi qui suis pape, héritier des apôtres.

Un homme parait entre deux créneaux au haut de la tour. Il est tout habillé de fer. Sa barbe blanche passe sous sa visière baissée. Il se découpe en noir sur le fond de neige de la montagne.

La nuit commence à tomber.

SCÈNE TROISIÈME.

Les mêmes, WELF.

WELF, du haut de la tour.

Que me veut-on? Passez votre chemin, vous autres.
Je hais ton glaive, ô duc. Je hais ton sceptre, ô roi.
César, je hais ton globe impérial. Et toi,
Pape, je ne crois pas à tes clefs. Qu'ouvrent-elles?
Des enfers. Tu mens, pape, et tes fureurs sont telles

Que Rome est le cachot du Christ, je te le dis.
Et pour voir en toi l'homme ouvrant le paradis,
Le Père, j'attendrai, pape, que tu détèles
Tous ces hideux chevaux, Guerre aux rages mortelles,
Haine, Anathème, Orgueil, Vengeance à l'œil de feu,
Monstres par qui tu fais traîner le char de Dieu !
Les chevriers, qu'on voit rôdant de cime en cime,
Sont de meilleurs pasteurs que vous, prêtres; j'estime
Plus que vos crosses d'or d'archevêque ou d'abbé,
Leur bâton d'olivier sauvage au bout courbé.
Bénis soient leurs troupeaux paissant dans les cytises!
Oui, les femmes font faire aux hommes des sottises,
Roi d'Arles; mais j'ai, moi, c'est pourquoi je suis fort,
Pour épouse ma tour, pour amante la mort.
En guise de clairon l'ouragan m'accompagne.
Que peux-tu donc m'offrir qui vaille ma montagne,
César, roi des Romains et des Bohémiens?
Quand tu me donnerais ton aigle! J'ai les miens.
Que venez-vous chercher? Qu'est-ce qui vous amène?
Rois, je suis dans ces bois la seule face humaine.
La terre sait vos noms et les mêle à ses pleurs.
Vous êtes des preneurs de villes, des voleurs
De nations, les chefs de l'éternel pillage.
Que voulez-vous de moi? Je n'ai pas un village.
Vous êtes ici-bas les semeurs de l'effroi.
Le genre humain subit le duc, souffre le roi;
Tu l'opprimes, César; Saint-Père, tu le pilles.
Vos lansquenets font rage, et violent les filles

Qui plongent leurs bras blancs dans le van plein de blé;
Il semble, tant par vous l'univers est troublé,
Que l'air manque aux humains et la rosée aux plantes;
Sur la sainte charrue on voit vos mains sanglantes.
Rien n'ose croître, et rien n'ose aimer. Moi je suis
Un spectre en liberté songeant au fond des nuits.
Vous êtes des héros faisant des faits célèbres.
Est-ce que j'ai besoin de vous dans mes ténèbres?
Je n'ai rien. Pas un homme auprès de moi ne vit.
On trouve dans ces monts l'air que rien n'asservit,
Le ravin, le rocher, des ronces, des cavernes,
Des lacs tristes, pareils aux antiques Avernes,
Le bois noir, le vieux mur par les hiboux choisi,
Le nuage, et c'est tout. Qui vous attire ici?
Pourquoi venir? C'est donc pour me prendre de l'ombre?
Moi, baron dans ma tour, larve dans un décombre,
Je garde ce désert terrible, et j'en ai soin.
L'immense liberté du tonnerre a besoin
De gouffres, de sommets, d'espaces, de nuées
Sans cesse par le vent de l'ombre remuées,
D'azur sombre, et de rien qui ressemble à des rois,
Si ce n'est pour tomber sur leur tête. Je crois
En Dieu. Prêtre, entends-tu? Quoi, ce bois où nous sommes
Tente les rois! Les rois n'ont pas assez des hommes!
Mais contentez-vous donc, compagnons couronnés,
De ce tas de vivants que vous exterminez!
Je possède ce mont, et ce mont me possède.
Il m'abrite, et sur lui je veille. Ainsi l'on s'aide.

Moi, je suis l'âme, et vous, vous êtes les démons.
Je descends des géants qui, marchant sur les monts,
Et les pressant du pied, faisaient jaillir des marbres
Les sources au-dessus desquelles sont les arbres.
Puisqu'autour du sommet superbe, tout s'éteint,
Puisque la bête brute, en son auguste instinct,
Proteste, alors que l'homme à plat ventre se couche,
Ah! puisque rien n'est libre à moins d'être farouche,
De mes noirs sangliers, de mes ours, de mes loups,
Vous n'approcherez pas, princes; j'en suis jaloux.
Messeigneurs, savez-vous pourquoi? C'est que ces bêtes
Ces êtres lourds et durs, ces monstres, sont honnêtes.
Ils n'ont pas de Séjan, ils n'ont pas de Rufin;
Leur cruauté n'est pas le crime; c'est la faim.
Vous, rois, dans vos festins, au bruit sacré des lyres,
Gais, couronnés de fleurs, échangeant des sourires,
Pour usurper un trône, ou même sans raison,
Vous vous versez les uns aux autres du poison;
Vos poignards emmanchés de perles font des choses
Horribles, et, parmi les lauriers et les roses,
Teints de sang, vous restez éblouissants toujours;
Moi, je choisis les loups, et j'aime mieux les ours;
Et je préfère, rois qu'un vil cortége encense,
A vos crimes riants leur féroce innocence.
Allez-vous-en. — Fuyez. Quoi! ne sentez-vous pas
Tout un hérissement fauve autour de vos pas!
Vous bravez donc, puissants aveugles, le murmure
Qui répond dans l'abîme au bruit de mon armure,

L'amour qu'a pour moi l'ombre, et l'appui que j'aurais
Dans la virginité des profondes forêts.
J'ai sous ma garde un coin de paradis sauvage,
Un mont farouche et doux. Ici point de ravage
Montrant que l'homme fut heureux dans ces beaux lieux ;
Point de honte montrant qu'il y fut orgueilleux.
L'onde est libre, le vent est pur, la foudre est juste.
Rois, que venez-vous faire en ce désert auguste ?
Le gouffre est noir sans vous, sans vous le ciel est bleu.
N'usurpez pas ce mont ; je le conserve à Dieu.
Rois, l'honneur exista jadis. J'en suis le reste.
C'est bien. Partez. S'il est un bruit que je déteste,
C'est le bourdonnement inutile des voix.

Il disparaît.

CYADMIS.

Il nous brave !

HUG.

Couvrons nos soldats de pavois.
Traînons une baliste. Apportons les échelles.
A l'assaut !

OTHON.

A l'assaut !

SYLVESTRE, montrant le précipice.

Si vous n'avez pas d'ailes,

Vous ne franchirez pas cet abîme. Vos ponts
Ne pourront au roc vif enfoncer leurs crampons.
Les torrents dans ce trou tombent. Et votre armée,
Comme eux, en y croulant, y deviendra fumée.

CYADMIS, regardant.

C'est vrai, le précipice est sans fond.

HUG, se penchant.
            Quel fossé!

OTHON, regardant et reculant.

On ne peut passer là que par le pont baissé.

CYADMIS, touchant le rocher.

Auprès de ce granit le marbre serait tendre.

OTHON, à Sylvestre.

Que nous conseille donc Ta Sainteté?

SYLVESTRE.
            D'attendre.
La nuit vient. Et le temps qui s'écoule est pour nous.

Cachez dans le ravin des gardes à genoux.
Faites le guet.

> Tous s'en vont. Il ne reste que des pointes de piques presque indistinctes dans un pli du ravin.
>
> Il commence à neiger.
>
> Crépuscule. Noirceur croissante de la tour et de la montagne. Un enfant paraît dans un coude du rocher. C'est une petite fille, pieds nus, en haillons; une mendiante.
>
> Elle vient du côté opposé à celui par où les rois sont sortis.
>
> Elle se traîne dans la neige qui s'épaissit.
>
> Elle regarde autour d'elle avec inquiétude, et monte péniblement la pente qui mène au bord du précipice.
>
> Profond silence. Les pointes des piques restent immobiles.

SCÈNE QUATRIÈME.

UNE MENDIANTE, ENFANT.

LA MENDIANTE.

J'ai froid. Comme il fait noir! Personne.
Du bruit? Je crois que c'est une cloche qui sonne.
Non, c'est le vent.

> Apercevant la tour.

Un mur! On dirait un beffroi.

> Frissonnant.

Il me semble que j'ai des bêtes près de moi.
Jésus !

<small>Avançant.</small>

Ah ! le chemin finit ici. Pourrai-je
Aller plus loin ?

<small>Regardant dans le précipice.</small>

Ceci, c'est un trou.

<small>Grelottant.</small>

Comme il neige !
Pourtant je crois bien voir en face une maison.
Non, c'est noir.

<small>Songeant.</small>

Est-ce vrai qu'on vous met en prison
Parce que vous allez dans les champs toute seule ?
Mon Dieu, j'ai peur ! Et puis les loups ouvrent la gueule
Et marchent dans les bois avec les revenants.
Où suis-je ? Cette route est pleine de tournants.
J'ai perdu mon chemin. Ce n'est plus que des pierres.
Si j'essayais un peu de dire mes prières ?

<small>Regardant le burg.</small>

Est-ce une maison ? Non. C'est du rocher que j'ai
Pris pour un mur. Je meurs ! Ah ! je n'ai pas mangé.
J'ai les pieds écorchés par les cailloux. Ma mère !

<small>WELF, paraissant entre les créneaux.</small>

Qui m'appelle ?

SCÈNE CINQUIÈME.

LA MENDIANTE, WELF.

WELF, tournant une lanterne sourde vers le précipice.

Quelqu'un est là ?

LA MENDIANTE.

De la lumière !

WELF, regardant.

On dirait un enfant. Qu'es-tu, fille ou garçon ?

LA MENDIANTE.

Monseigneur, je voudrais entrer dans la maison.

WELF.

D'où viens-tu ?

LA MENDIANTE.

Je n'ai pas de pays sur la terre.

WELF.

Où vas-tu?

LA MENDIANTE.

Je ne sais.

WELF.

Où sont tes père et mère ?

LA MENDIANTE.

Je n'en ai pas. Je sais que les autres en ont.
Voilà tout.

WELF.

En venant du côté de ce mont,
N'as-tu pas rencontré des gens armés?

LA MENDIANTE.

Personne.

WELF.

Comme ils ont pris la fuite! Ainsi le daim frissonne
Devant l'ours.

LA MENDIANTE.

Je suis fille, et j'ai dix ans; je vais
Devant moi, je mendie, et le temps est mauvais,
Je voudrais me chauffer devant la cheminée,
Et je n'ai pas mangé de toute la journée.

WELF.

Entre, enfant. Viens souper, et viens, sous l'œil de Dieu,
Dormir sur un bon lit à côté d'un bon feu.
La montagne est l'aïeule et je suis le grand-père.
Le burg sera ton nid comme il est mon repaire.
Le brasier, qui devait chasser les bataillons,
Va faire mieux encore et sécher tes haillons;
Au lieu de voir, devant sa flamme, tout l'empire
Reculer effrayé, je te verrai sourire.
Dieu soit béni! je n'ai pas fait mon feu pour rien.
Cela commençait mal et cela finit bien.
Ah! tu t'en allais donc sans savoir où, perdue,
Ne voyant que du noir dans toute l'étendue!
Il ne sera pas dit, ma fille, qu'à ton cri,

Le vieux roc foudroyé ne s'est pas attendri.
Dans la grande montagne entre, pauvre petite;
Et sois chez toi. Je vais baisser le pont.

Il disparaît. La lumière descend de meurtrière en meurtrière. Le pont commence à s'abaisser. On voit la lumière entre les barreaux de la herse. La herse se lève, le pont se baisse et rejoint le bord du précipice.

Welf, la lanterne à la main, traverse le pont et vient à l'enfant.

Viens.

L'enfant prend la main de Welf.

Mouvement dans les piques Clameurs dans le ravin. Des soldats sortent d'une embuscade, et se précipitent sur Welf. Cyadmis est à leur tête.

SCÈNE SIXIÈME.

Les mêmes, CYADMIS, Soldats,
puis les Gens du peuple.

CYADMIS, l'épée nue.

Vite!

Tous sur lui!

Welf est saisi. Il se débat. On le garrotte. Le pont est occupé. Le burg est envahi. La forteresse s'emplit de soldats portant des torches. Cyadmis regarde avec triomphe Welf enchaîné et silencieux.

Welf est pris!

LA MENDIANTE, joignant les mains devant Welf.

Monseigneur!...

LES SOLDATS.

Nous l'avons!

CYADMIS.

Le sauvage est pris! Gloire aux drapeaux esclavons!

Accourent les bourgeois et les paysans du commencement. Ils se groupent autour de Welf prisonnier.

LE BOURGEOIS.

Tiens, il s'est laissé prendre. Imbécile!

LE PAYSAN.

Une grive Prise au miroir.

LE BOURGEOIS.

Tant mieux.

LE VIEILLARD.

Oui. Vive le duc!

L'ÉTUDIANT.

Vive
Le roi!

LE BOURGEOIS.

Vive le pape!

LE PAYSAN.

Et vive l'empereur!

LE VIEILLARD, regardant Welf garrotté.

Je le croyais plus grand qu'un autre.

LE BOURGEOIS.

Quelle erreur!
Il est petit.

LE PAYSAN, au bourgeois.

Il n'est pas plus grand que vous n'êtes.

LE BOURGEOIS.

Quelle idée avait-il de défendre les bêtes?
Les hommes, passe encor.

LE VIEILLARD.

Tout au plus.

L'ÉTUDIANT.

C'est un fou.

LE VIEILLARD.

S'amuser à monter la garde au bord d'un trou!
C'est ridicule.

LE BOURGEOIS.

Il est même laid. A tout prendre,
Je le vaux. A bas Welf!

LE PAYSAN.

Moi, j'irai le voir pendre.

LE BOURGEOIS.

Je ne donnerais pas de sa peau deux écus.
Huées et ricanements autour de Welf.

WELF.

Tant le rire est aisé derrière les vaincus!

*

LE POETE, A WELF.

Tu fus grand, c'est pourquoi l'on t'outrage. Sois triste,
Et pardonne. La foule ingrate et vaine existe,
Elle livre quiconque est par le sort livré,
Et raille d'autant plus qu'elle a plus admiré.
Que ton souvenir reste à la sombre vallée,
Qu'on entende pleurer la source inconsolée,
Que l'humble oiseau t'appelle et te mêle à son chant,
Et que le grand œil bleu des biches te cherchant
Se mouille, et soit rempli de lueurs effarées.
Si la mer prononçait des noms dans ses marées,
O vieillard, ce serait des noms comme le tien.
Tu fus l'ami, l'appui, le tuteur, le soutien
En haut, de l'arbre immense, en bas, du frêle arbuste;

Un jour les voyageurs sur ton rocher robuste
Monteront, et, penchés, tâcheront de te voir,
Vaincu superbe, au fond du précipice noir,
Et leurs yeux chercheront ton fantôme sublime
Sous l'entrecroisement des branches dans l'abîme.

IX

AVERTISSEMENTS

ET

CHATIMENTS

LE TRAVAIL DES CAPTIFS

———

Dieu dit au roi : Je suis ton Dieu. Je veux un temple.

C'est ainsi, dans l'azur où l'astre le contemple,
Que Dieu parla ; du moins le prêtre l'entendit.
Et le roi vint trouver les captifs, et leur dit :
— En est-il un de vous qui sache faire un temple?
— Non, dirent-ils. — J'en vais tuer cent pour l'exemple,

Dit le roi. Dieu demande un temple en son courroux.
Ce que Dieu veut du roi, le roi le veut de vous.
C'est juste. —

C'est pourquoi l'on fit mourir cent hommes.

Alors un des captifs cria : — Sire, nous sommes
Convaincus. Faites-nous, roi, dans les environs,
Donner une montagne, et nous la creuserons.
— Une caverne? dit le roi. — Roi qui gouvernes,
Dieu ne refuse point d'entrer dans les cavernes,
Dit l'homme, et ce n'est pas une rébellion
Que faire un temple à Dieu de l'antre du lion.
— Faites, dit le roi.

L'homme eut donc une montagne ;
Et les captifs, traînant les chaînes de leur bagne,
Se mirent à creuser ce mont, nommé Galgal ;
Et l'homme était leur chef, bien qu'il fût leur égal,
Mais dans la servitude, ombre où rien ne pénètre,
On a pour chef l'esclave à qui parle le maître.

Ils creusèrent le mont Galgal profondément.
Quand ils eurent fini, l'homme dit : — Roi clément,

LE TRAVAIL DES CAPTIFS.

Vos prisonniers ont fait ce que le ciel désire ;
Mais ce temple est à vous avant d'être à Dieu, sire ;
Que votre Éternité daigne venir le voir.
— J'y consens, répondit le roi. — Notre devoir,
Reprit l'humble captif prosterné sur les dalles,
Est d'adorer la cendre où marchent vos sandales ;
Quand vous plaît-il de voir notre œuvre? — Sur-le-champ.
Alors le maître et l'homme, à ses pieds se couchant,
Furent mis sous un dais sur une plate-forme ;
Un puits était bouché par une pierre énorme,
La pierre fut levée, un câble hasardeux
Soutint les quatre coins du trône, et tous les deux
Descendirent au fond du puits, unique entrée
De la montagne à coups de pioches éventrée.
Quand ils furent en bas, le prince s'étonna.
— C'est de cette façon qu'on entre dans l'Etna,
C'est ainsi qu'on pénètre au trou de la Sibylle,
C'est ainsi qu'on aborde à l'Hadès immobile,
Mais ce n'est pas ainsi qu'on arrive au saint lieu.
— Qu'on monte ou qu'on descende, on va toujours à Dieu,
Dit l'architecte ayant comme un forçat la marque ;
O roi, soyez ici le bienvenu, monarque
Qui parmi les plus grands et parmi les premiers
Rayonnez, comme un cèdre au milieu des palmiers
Règne, et comme Pathmos brille entre les Sporades.
— Qu'est ce bruit? dit le roi. — Ce sont mes camarades
Qui laissent retomber le couvercle du puits.
— Mais nous ne pourrons plus sortir. — Rois, vos appuis

Sont les astres, ô prince, et votre cimeterre
Fait reculer la foudre, et vous êtes sur terre
Le soleil comme au ciel le soleil est le roi.
Que peut craindre ici-bas Votre Hautesse? — Quoi!
Plus d'issue! — O grand roi, roi sublime, qu'importe!
Vous êtes l'homme à qui Dieu même ouvre la porte.
Alors le roi cria : — Plus de jour, plus de bruit,
Tout est noir, je ne vois plus rien. Pourquoi la nuit
Est-elle dans ce temple ainsi qu'en une cave?
Pourquoi? — Parce que c'est ta tombe, dit l'esclave.

HOMO DUPLEX

Un jour, le duc Berthold, neveu du comte Hugo,
Marquis du Rhin, seigneur de Fribourg en Brisgau,
Traversait en chassant la forêt de Thuringe.
Il vit sous un grand arbre un ange auprès d'un singe.
Ces deux êtres, pareils à deux lutteurs grondants,
Se regardaient l'un l'autre avec des yeux ardents;

Le singe ouvrait sa griffe et l'ange ouvrait son aile.
Et l'ange dit : — Berthold de Zœhringen, qu'appelle
Dans la verte forêt le bruit joyeux des cors,
Tu vois ici ton âme à côté de ton corps.
Écoute : moi je suis ton esprit, lui ta bête.
Chacun de tes péchés lui fait lever la tête;
Chaque bonne action que tu fais me grandit.
Tant que tu vis, je lutte et j'étreins ce bandit;
A ta mort tout finit dans l'ombre ou dans l'aurore.
Car c'est moi qui t'enlève ou lui qui te dévore.

VERSET DU KORAN

La terre tremblera d'un profond tremblement,
Et les hommes diront : Qu'a-t-elle? En ce moment,
Sortant de l'ombre en foule ainsi que des couleuvres,
Pâles, les morts viendront pour regarder leurs œuvres.

Ceux qui firent le mal le poids d'une fourmi
Le verront, et pour eux Dieu sera moins ami ;
Ceux qui firent le bien ce que pèse une mouche
Le verront, et Satan leur sera moins farouche.

L'AIGLE DU CASQUE

―――

O sinistres forêts, vous avez vu ces ombres
Passer, l'une après l'autre, et, parmi vos décombres,
Vos ruines, vos lacs, vos ravins, vos halliers,
Vous avez vu courir ces deux noirs chevaliers;
Vous avez vu l'immense et farouche aventure;
Les nuages, qui sont errants dans la nature,

Ont eu cette épouvante énorme au-dessous d'eux ;
La victoire fut sourde et l'exploit fut hideux ;
Et l'herbe et la broussaille et les fleurs et les plantes
Et les branches en sont encor toutes tremblantes.
L'arbre en parle au rocher, l'antre en parle au menhir ;
Le vieux mont Lothian semble se souvenir ;
Et la fauvette en cause avec la tourterelle.
Et maintenant, disons ce que fut la querelle
Entre cet homme fauve et ce tragique enfant.

*

Le fond, nul ne le sait. L'obscur passé défend
Contre le souvenir des hommes l'origine
Des rixes de Ninive et des guerres d'Égine,
Et montre seulement la mort des combattants
Après l'échange amer des rires insultants ;
Ainsi les anciens chefs d'Écosse et de Northumbre
Ne sont guère pour nous que du vent et de l'ombre ;

Ils furent orageux, ils furent ténébreux,
C'est tout; ces sombres lords se dévoraient entr'eux;
L'homme vient volontiers vers l'homme à coups d'épée
Bruce haït Baliol comme César Pompée;
Pourquoi? Nous l'ignorons. Passez, souffles du ciel.
Dieu seul connaît la nuit.

                Le comte Strathaël,
Roi d'Angus, pair d'Écosse, est presque centenaire;
Le gypaëte cache un petit dans son aire,
Et ce lord a le fils de son fils près de lui;
Toute sa race ainsi qu'un blême éclair a lui
Et s'est éteinte; il est ce qui reste d'un monde;
Mais Dieu près du front chauve a mis la tête blonde,
L'aïeul a l'orphelin. Jacque a six ans. Le lord
Un soir l'appelle, et dit : — Je sens venir la mort.
Dans dix ans, tu seras chevalier. Fils, écoute.
Et, le prenant à part sous une sombre voûte,
Il parla bas longtemps à l'enfant adoré,
Et quand il eut fini l'enfant lui dit : — J'irai.
Et l'aïeul s'écria : — Pourtant il est sévère
En sortant du berceau de monter au calvaire,
Et seize ans est un âge où, certe, on aurait droit
De repousser du pied le seuil du tombeau froid,
D'ignorer la rancune obscure des familles,
Et de s'en aller rire avec les belles filles!

L'aïeul mourut.

       *

    Le temps fuit. Dix ans ont passé.

       *

Tiphaine est dans sa tour que protége un fossé,
Debout, les bras croisés, sur la haute muraille.
Voilà longtemps qu'il n'a tué quelqu'un, il bâille.

Dix ans, cela suffit pour que les chênes verts
Soient d'une obscurité plus épaisse couverts;
Dix ans, cela suffit pour qu'un enfant grandisse.
En dix ans, certe, Orphée oublierait Eurydice,
Admète son épouse et Thisbé son amant,
Mais pas un chevalier n'oublierait un serment

L'AIGLE DU CASQUE.

C'est le soir; et Tiphaine est oisif. Les mélèzes
Font au loin un bruit vague au penchant des falaises.

Ce Tiphaine est le lord sauvage des forêts;
Pas un loup n'oserait l'approcher de trop près;
Il s'est fait un royaume avec une montagne;
On le craint en Écosse, en Northumbre, en Bretagne;
On ne l'attaque pas, tant il est toujours seul;
Être dans le désert, c'est vivre en un linceul.
Il fait peur. Est-il prince? est-il né sous le chaume?
On ne sait; un bandit qui serait un fantôme,
C'est Tiphaine; et les vents et les lacs et les bois
Semblent ne prononcer son nom qu'à demi-voix;
Pourtant ce n'est qu'un homme; il bâille.

          Lord Tiphaine
A mis autour de lui l'effroi comme une chaîne;
Mais il en sent le poids; tout s'enfuit devant lui;
Mais l'orgueil est la forme altière de l'ennui.
N'ayant personne à vaincre, il ne sait plus que faire.
Soudain il voit venir l'écuyer qu'il préfère,
Bernard, un bon archer qui sait lire, et Bernard
Dit : — Milord, préparez la hache et le poignard.
Un seigneur vous écrit. — Quel est ce seigneur? — Sire,

C'est Jacques, lord d'Angus. —Soit. Qu'est-ce qu'il désire ?
— Vous tuer. — Réponds-lui que c'est bien.

         Peu de temps
Suffit pour rapprocher deux hautains combattants
Et pour dire à la mort qu'elle se tienne prête,
L'éclair n'entendrait pas Dieu lui criant : Arrête !
Arriver, c'est la loi du sort.

       Il s'écoula
Une semaine. Puis, de Lorne à Knapdala,
Douze sonneurs de cor en dalmatiques rouges
Firent savoir à tous, aux manants dans leurs bouges,
Au prêtre en son église, au baron dans sa tour,
Que deux lords entendaient se rencontrer tel jour,
Que saint Gildas serait patron de la rencontre,
Et qu'Angus étant pour, Tiphaine serait contre ;
Car l'usage est d'avoir un saint pour les soldats,
En Irlande Patrick, en Écosse Gildas ;
C'est pour ou contre un saint que tout combat se livre ;
Avec la liberté de fuir et de poursuivre,
D'être ferme ou tremblant, magnanime ou couard,
Cruel comme Beauclerc, ou bon comme Édouard.

☆

L'endroit pour le champ-clos fut choisi très-farouche.
Le dur hiver, qui change en pierre l'eau qu'il touche,
Ne laissait pousser là sous la pluie et le vent
Que des sapins cassés l'un par l'autre souvent,
Les arbres n'étant pas plus calmes que les hommes ;
Tout sur terre est en proie, ainsi que nous le sommes,
Au souffle, à la tempête, au funeste aquilon.
Une corde est nouée aux sapins d'un vallon ;
Elle marque une enceinte, une clairière ouverte
Sur des champs où la Tweed coule dans l'herbe verte,
Lente et molle rivière aux roseaux murmurants.
Un pêle-mêle obscur d'arbres et de torrents,
D'ombre et d'écroulement, de vie et de ravage,
Entoure affreusement la clairière sauvage.
On en sort du côté de la plaine. Et de là
Viennent les paysans que le cor appela.

La lice est pavoisée, et sur les banderolles
On lit de fiers conseils et de graves paroles :
« — Brave qui n'est pas bon n'est brave qu'à demi. »
« — Soyez hospitalier, même à votre ennemi ;
« Le chêne au bûcheron ne refuse pas l'ombre. »

Les pauvres gens des bois accourent en grand nombre ;
Plusieurs sont encor peints comme étaient leurs aïeux,
Des cercles d'un bleu sombre agrandissent leurs yeux,
Sur leur tête attentive, étonnée et muette,
Les uns ont le héron, les autres la chouette,
Et l'on peut distinguer aux plumes du bonnet
Les Scots d'Abernethy des Pictes de Menheit ;
Ils ont l'habit de cuir des antiques provinces ;
Ils viennent contempler le combat de deux princes,
Mais restent à distance et regardent de loin,
Car ils ont peur ; le peuple est un pâle témoin.

Si l'on ne voyait pas au ciel le tatouage
De l'azur, du rayon, de l'ombre et du nuage,
On n'apercevrait rien qu'un paysage noir ;
L'œil dans un clair-obscur inquiétant à voir
S'enfonce, et la bruyère est morne, et dans la brume
On devine, au-delà des mers, l'Hékla qui fume
Ainsi qu'un soupirail d'enfer à l'horizon.

Le juge du camp, fils d'une altière maison,
Lord Kaine, est assisté de deux crieurs d'épée ;
L'estrade est de peaux d'ours et de rennes drapée ;
Et quatre exorciseurs redoutés du sabbat
Font la police, ainsi qu'il sied dans un combat.
Un prêtre dit la messe, et l'on chante une prose.

*

Fanfares. C'est Angus.

      Un cheval d'un blanc rose
Porte un garçon doré, vermeil, sonnant du cor,
Qui semble presque femme et qu'on sent vierge encor;
Doux être confiant comme une fleur précoce.
Il a la jambe nue à la mode d'Écosse ;
Plus habillé de soie et de lin que d'acier,
Il vient, gaîment suivi d'un bouffon grimacier ;
Il regarde, il écoute, il rayonne, il ignore ;
Et l'on croit voir l'entrée aimable de l'aurore.

On sent que, dans le monde étrange où nous passons,
Ce nouveau venu, plein de joie et de chansons,
Tel que l'oiseau qui sort de l'œuf et se délivre,
A le mystérieux contentement de vivre ;
Pas d'être éblouissant qui ne soit ébloui,
Il rit. Ses témoins sont du même âge que lui ;
Tous chantent, légers, fiers, laissant flotter les brides ;
C'est Mar, Argyle, Athol, Rothsay, roi des Hébrides,
David, roi de Stirling, Jean, comte de Glascow ;
Ils ont des colliers d'or ou de roses au cou ;
Ainsi se presse, au fond des halliers, sous les aulnes,
Derrière un petit dieu l'essaim des jeunes faunes.
Hurrah ! Cueillir des fleurs ou bien donner leur sang,
Que leur importe ? Autour du comte adolescent,
Page et roi, dont Hébé serait la sœur jumelle,
Un vacarme charmant de panaches se mêle.
O jeunes gens, déjà risqués, à peine éclos !
Son cortége le suit jusqu'au seuil du champ-clos.
Puis on le quitte. Il faut qu'il soit seul ; et personne
Ne peut plus l'assister dès que le clairon sonne ;
Quoi qu'il advienne, il est en proie au dur destin.
On lit sur son écu, pur comme le matin,
La devise des rois d'Angus : *Christ et Lumière.*
La jeunesse toujours arrive la première ;
Il approche, joyeux, fragile, triomphant,
Plume au front ; et le peuple applaudit cet enfant.

Et le vent profond souffle à travers les campagnes.

Tout à coup on entend la trompe des montagnes,
Chant des bois plus obscur que le glas du beffroi;
Et brusquement on sent de l'ombre autour de soi;
Bien qu'on soit sous le ciel, on se croit dans un antre.
Un homme vient du fond de la forêt. Il entre.
C'est Tiphaine.

   C'est lui.

      Hautain, dans le champ-clos,
Refoulant les témoins comme une hydre les flots,
Il pénètre. Il est droit sous l'armure saxonne.
Son cheval, qui connaît ce cavalier, frissonne.
Ce cheval noir et blanc marche sans se courber;
Il semble que le ciel sombre ait laissé tomber
Des nuages mêlés de lueurs sur sa croupe.
Tiphaine est seul; aucune escorte, aucune troupe;
Il tient sa lance; il a la chemise de fer,
La hache comme Oreste, et, comme Gaïfer,
Le poignard; sa visière est basse; elle le masque;
Grave, il avance, avec un aigle sur son casque.
Un mot sur sa rondache est écrit: *Bellua*.

Quand il vint, tout trembla, mais nul ne salua.

*

Les motifs du combat étaient sérieux, certes ;
Mais ni le pâtre errant dans les landes désertes,
Ni l'ermite adorant dans sa grotte Jésus,
Personne sous le ciel ne les a jamais sus ;
Et le juge du camp les ignorait lui-même.

Les deux lords, comme il sied à ce moment suprême,
Se parlèrent de loin.

— Bonjour, roi. — Bonjour, roi.
— Je viens te demander raison. Tu sais pourquoi?
— Que t'importe?

Et tous deux mirent la lance haute.

Le juge du camp dit : — Chacun de vous est l'hôte
Du sépulcre, et ne peut en sortir maintenant
Que si Dieu le permet au fond du ciel tonnant.
Puis il reprit, selon la coutume écossaise :
— Milord, quel âge as-tu? — Quarante ans. — Et toi? — Seize.
— C'est trop jeune, cria la foule. — Combattez,
Dit le juge. Et l'on fit le champ des deux côtés.

Être de même taille et de même équipage,
Combattre homme contre homme ou page contre page,
S'adosser à la tombe en face d'un égal,
Être Ajax contre Mars, Fergus contre Fingal,
C'est bien, et cela plaît à la romance épique;
Mais là le brin de paille, et là la lourde pique,
Ici le vaste Hercule, ici le doux Hylas,
Polyphème devant Acis, c'est triste, hélas!
Le péril de l'enfant fait songer à la mère;
Tous les Astyanax attendrissent Homère,
Et la lyre héroïque hésite à publier
Le combat du chevreuil contre le sanglier.

L'huissier fit le signal. Allez!

Tous deux partirent.
Ainsi deux éclairs vont l'un vers l'autre et s'attirent.

L'enfant aborda l'homme et fit bien son devoir;
Mais l'homme n'eut pas l'air de s'en apercevoir.
Tiphaine s'arrêta, muet, le laissant faire;
Ainsi, prête à crouler, l'avalanche diffère;
Ainsi l'enclume semble insensible au marteau;
Il était là, le poing fermé comme un étau,
Démon par le regard et sphinx par le silence;
Et l'enfant en était à sa troisième lance
Que Tiphaine n'avait pas encor riposté;
Sur cet homme de fer et de fatalité
Qui paraissait rêver au centre d'une toile,
Pas plus ému d'un choc que d'un souffle une étoile,
L'enfant frappait, piquait, taillait, recommençait,
Tantôt sur le cimier, tantôt sur le corset;
Et l'on eût dit la mouche attaquant l'araignée.

Sa face de sueur était toute baignée.
Tiphaine, tel qu'un roc, immobile et debout,
Méditait, et l'enfant s'essoufflait. Tout à coup
Tiphaine dit : Allons ! Il leva sa visière,
Fit un rugissement de bête carnassière,
Et sur le jeune comte Angus il s'abattit
D'un tel air infernal que le pauvre petit
Tourna bride, jeta sa lance, et prit la fuite.

Alors commença l'âpre et sauvage poursuite,
Et vous ne lirez plus ceci qu'en frémissant.

★

Tremblant, piquant des deux, du côté qui descend,
Devant lui, n'importe où, dans la profondeur fauve,
Les bras au ciel, l'enfant épouvanté se sauve.
Son cheval l'aime et fait de son mieux. La forêt
L'accepte et l'enveloppe, et l'enfant disparaît.

Tous se sont écartés pour lui livrer passage.
En le risquant ainsi son aïeul fut-il sage?
Nul ne le sait; le sort est de mystères plein;
Mais la panique existe et le triste orphelin
Ne peut plus que s'enfuir devant la destinée.
Ah! pauvre douce tête au gouffre abandonnée!
Il s'échappe, il s'esquive, il s'enfonce à travers
Les hasards de la fuite obscurément ouverts,
Hagard, à perdre haleine, et sans choisir sa route;
Une clairière s'offre, il s'arrête, il écoute,
Le voilà seul; peut-être un dieu l'a-t-il conduit?
Tout à coup il entend dans les branches du bruit... —

Ainsi dans le sommeil notre âme d'effroi pleine
Parfois s'évade et sent derrière elle l'haleine
De quelque noir cheval de l'ombre et de la nuit;
On s'aperçoit qu'au fond du rêve on vous poursuit.
Angus tourne la tête, il regarde en arrière;
Tiphaine monstrueux bondit dans la clairière.
O terreur! et l'enfant, blême, égaré, sans voix,
Court et voudrait se fondre avec l'ombre des bois.
L'un fuit, l'autre poursuit. Acharnement lugubre!
Rien, ni le roc debout, ni l'étang insalubre,
Ni le houx épineux, ni le torrent profond,
Rien n'arrête leur course; ils vont, ils vont, ils vont!
Ainsi le tourbillon suit la feuille arrachée.
D'abord dans un ravin, tortueuse tranchée,

Ils serpentent, parfois se touchant presque; puis,
N'ayant plus que la fuite et l'effroi pour appuis,
Rapide, agile et fils d'une race écuyère,
L'enfant glisse, et, sautant par-dessus la bruyère,
Se perd dans le hallier comme dans une mer.
Ainsi courrait avril poursuivi par l'hiver.
Comme deux ouragans l'un après l'autre ils passent.
Les pierres sous leurs pas roulent, les branches cassent,
L'écureuil effrayé sort des buissons tordus.
Oh! comment mettre ici dans des vers éperdus
Les bonds prodigieux de cette chasse affreuse,
Le coteau qui surgit, le vallon qui se creuse,
Les précipices, l'antre obscur, l'escarpement,
Les deux sombres chevaux, le vainqueur écumant,
L'enfant pâle, et l'horreur des forêts formidables?
Il n'est pas pour l'effroi de lieux inabordables,
Et rien n'a jamais fait reculer la fureur;
Comme le cerf, le tigre est un ardent coureur ;
Ils vont!

On n'entend plus, même au loin, les haleines
Du peuple bourdonnant qui s'en retourne aux plaines.
Le vaincu, le vainqueur courent tragiquement.

*

Le bois, calme et désert sous le bleu firmament,
Remuait mollement ses branchages superbes ;
Les nids chantaient, les eaux murmuraient dans les herbes ;
On voyait tout briller, tout aimer, tout fleurir.
Grâce! criait l'enfant, je ne veux pas mourir !

Mais son cheval se lasse et Tiphaine s'approche.

Tout à coup, d'un réduit creusé dans une roche,
Un vieillard au front blanc sort, et, levant les bras,
Dit : De tes actions un jour tu répondras ;
Qui que tu sois, prends garde à la haine ; elle enivre ;
Celui qui va mourir pour celui qui doit vivre
T'implore. O chevalier, épargne cet enfant !

Tiphaine furieux d'un coup de hache fend

L'âpre rocher qui sert à ce vieillard d'asile,
Et dit : Tu vas le faire échapper, imbécile !
Et, sinistre, il remet son cheval au galop.

Quelle que soit la course et la hâte du flot,
Le vent lointain finit toujours par le rejoindre ;
Angus entend venir Tiphaine, et le voit poindre
Parmi des profondeurs d'arbres, à l'horizon.

Un couvent d'où s'élève une vague oraison
Apparaît ; on entend une cloche qui tinte ;
Et des rayons du soir la haute église atteinte
S'ouvre, et l'on voit sortir du portail à pas lents
Une procession d'ombres en voiles blancs ;
Ce sont les sœurs ayant à leur tête l'abbesse,
Et leur chant grave monte au ciel où le jour baisse ;
Elles ont vu s'enfuir l'enfant désespéré ;
Alors leur voix profonde a dit miserere ;
L'abbesse les amène ; elle dresse sa crosse
Entre l'adolescent frêle et l'homme féroce ;
On porte devant elle un grand crucifix noir ;
Toutes ces vierges, sœurs qu'enchaîne un saint devoir,
Pleurent sur le vainqueur comme sur la victime,
Et viennent opposer au passage d'un crime
Le Christ immense ouvrant ses bras au genre humain
Tiphaine arrive sombre et la hache à la main,

Et crie à ce troupeau murmurant grâce! grâce!
— Colombes, ôtez-vous de là; le vautour passe!

La nuit vient, et toujours, tremblant, pleurant, fuyant,
L'enfant effaré court devant l'homme effrayant.
C'est l'heure où l'horizon semble un rêve, et recule.
Clair de lune, halliers, bruyères, crépuscule.
La poursuite s'acharne, et, plus qu'auparavant
Forcenée, à travers les arbres et le vent,
Fait peur à l'ombre même, et donne le vertige
Aux sapins sur les monts, aux roses sur leur tige.
L'enfant sans armes, l'homme avec son couperet,
Courent dans la noirceur des bois, et l'on dirait
Que dans la forêt spectre ils deviennent fantômes.

Une femme, d'un groupe obscur de toits de chaumes,
Sort, et ne peut parler, les larmes l'étouffant;
C'est une mère, elle a dans les bras son enfant,
Et c'est une nourrice, elle a le sein nu. — Grâce!
Dit-elle, en bégayant; et dans le vaste espace
Angus s'enfuit. — Jamais! dit Tiphaine inhumain.
Mais la femme à genoux lui barre le chemin.
— Arrête! sois clément, afin que Dieu t'exauce!
Grâce! Au nom du berceau, n'ouvre pas une fosse!
Sois vainqueur, c'est assez; ne sois pas assassin.
Fais grâce. Cet enfant que j'ai là sur mon sein
T'implore pour l'enfant que cherche ton épée.
Entends-moi; laisse fuir cette proie échappée.

Ah! tu ne tueras point, et tu m'écouteras,
Chevalier, puisque j'ai l'aurore dans mes bras.
Songe à ta mère. Eh bien, je suis mère comme elle.
Homme, respecte en moi la femme. — A bas, femelle!
Dit Tiphaine, et du pied il frappe ce sein nu.

Ce fut dans on ne sait quel ravin inconnu
Que Tiphaine atteignit le pauvre enfant farouche;
L'enfant pris n'eut pas même un râle dans la bouche;
Il tomba de cheval, et morne, épuisé, las,
Il dressa ses deux mains suppliantes, hélas!
Sa mère morte était dans le fond de la tombe,
Et regardait.

   Tiphaine accourt, s'élance, tombe
Sur l'enfant, comme un loup dans les cirques romains,
Et d'un revers de hache il abat ces deux mains
Qui dans l'ombre élevaient vers les cieux la prière;
Puis, par ses blonds cheveux dans une fondrière
Il le traîne.

  Et riant de fureur, haletant,
Il tua l'orphelin et dit : Je suis content!
Ainsi rit dans son antre infâme la tarasque.

★

Alors l'aigle d'airain qu'il avait sur son casque,
Et qui, calme, immobile et sombre, l'observait,
Cria : Cieux étoilés, montagnes que revêt
L'innocente blancheur des neiges vénérables,
O fleuves, ô forêts, cèdres, sapins, érables,
Je vous prends à témoin que cet homme est méchant!
Et cela dit, ainsi qu'un piocheur fouille un champ,
Comme avec sa cognée un pâtre brise un chêne,
Il se mit à frapper à coups de bec Tiphaine ;
Il lui creva les yeux; il lui broya les dents;
Il lui pétrit le crâne en ses ongles ardents
Sous l'armet d'où le sang sortait comme d'un crible,
Le jeta mort à terre, et s'envola terrible.

X

LES SEPT

MERVEILLES DU MONDE

I   LE TEMPLE D'ÉPHÈSE.
II LES JARDINS DE BABYLONE.
III LE MAUSOLÉE.
IV LE JUPITER OLYMPIEN.
V   LE PHARE.
VI LE COLOSSE DE RHODES.
    LES PYRAMIDES.

LES SEPT

MERVEILLES DU MONDE

⁂

Des voix parlaient; pour qui? Pour l'espace sans bornes,
Pour le recueillement des solitudes mornes,
Pour l'oreille, partout éparse, du désert;
Nulle part, dans la plaine où le regard se perd,
On ne voyait marcher la foule aux bruits sans nombre,
Mais on sentait que l'homme écoutait dans cette ombre.
Qui donc parlait? C'étaient des monuments pensifs,
Debout sur l'onde humaine ainsi que des récifs,

Calmes, et chacun d'eux semblait un personnage
Vivant, et se rendant lui-même témoignage.
Nulle rumeur n'osait à ces voix se mêler,
Et le vent se taisait pour les laisser parler,
Et le flot apaisait ses mystérieux râles.
Un soleil vague au loin dorait les frontons pâles.
Les astres commençaient à se faire entrevoir
Dans l'assombrissement religieux du soir.

I

Et l'une de ces voix, c'était la voix d'un temple,
Disait :

— Admirez-moi ! Qui que tu sois, contemple ;
Qui que tu sois, regarde et médite, et reçois
A genoux mon rayon sacré, qui que tu sois ;
Car l'idéal est fait d'une étoile, et rayonne ;
Et je suis l'idéal. Troie, Argos, Sicyone,
Ne sont rien près d'Éphèse, et l'envieront toujours,
O peuple, Éphèse ayant mon ombre sur ses tours.
Éphèse heureuse dit : « Si j'étais Delphe ou Thèbe,
« On verrait flamboyer sur mes dômes l'Érèbe,
« Mes oracles feraient les hommes soucieux ;

« Si j'étais Cos, j'irais forgeant les durs essieux ;
« Si j'étais Tentyris, sombre ville du rêve,
« Mes pâtres, fronts sacrés en qui le ciel se lève,
« Regarderaient, à l'heure où naît le jour riant,
« Les constellations, penchant sur l'Orient,
« Verser dans l'infini leurs chariots pleins d'astres ;
« Si j'étais Bactria, j'aurais des Zoroastres ;
« Si j'étais Olympie en Élide, mes jeux
« Montreraient une palme aux lutteurs courageux,
« Les devins combattraient chez moi les astronomes,
« Et mes courses, rendant les dieux jaloux des hommes,
« Essouffleraient le vent à suivre Corœbus ; —
« Mais à quoi bon chercher tant d'inutiles buts,
« Ayant, que l'aube éclate ou que le soir décline,
« Ce temple ionien debout sur ma colline,
« Et pouvant faire dire à la terre : c'est beau ! »
Et ma ville a raison. Ainsi qu'un escabeau
Devant un trône, ainsi devant moi disparaissent
Les Parthénons fameux que les rayons caressent ;
Ils sont l'effort, je suis le miracle.

       A celui
Qui ne m'a jamais vu, le jour n'a jamais lui.
Ma tranquille blancheur fait venir les colombes ;
Le monde entier me fête, et couvre d'hécatombes,
Et de rois inclinés, et de mages pensifs,
Mes grands perrons de jaspe aux clous d'argent massifs.

L'homme élève vers moi ses mains universelles.
Les éphèbes, portant de sonores crécelles,
Dansent sur mes parvis, jeunes fronts inégaux ;
Sous ma porte est la pierre où Deuxippe d'Argos
S'asseyait, et d'Orphée expliquait les passages ;
Mon vestibule sert de promenade aux sages,
Parlant, causant, avec des gestes familiers,
Tour à tour blancs et noirs dans l'ombre des piliers.

Corinthe en me voyant pleure, et l'art ionique
Me revêt de sa pure et sereine tunique.

Le mont porte en triomphe à son sommet hautain
L'épanouissement glorieux du matin,
Mais ma beauté n'est point par la sienne éclipsée,
Car le soleil n'est pas plus grand que la pensée ;
Ce que j'étais hier, je le serai demain ;
Je vis, j'ai sur mon front, siècles, l'esprit humain,
Et le génie, et l'art, ces égaux de l'aurore.

La pierre est dans la terre ; âpre et froide, elle ignore ;
Le granit est la brute informe de la nuit,
L'albâtre ne sait pas que l'aube existe et luit,
Le porphyre est aveugle et le marbre est stupide ;
Mais que Ctésiphon passe, ou Dédale, ou Chrespide,

Qu'il fixe ses yeux pleins d'un divin flamboiement
Sur le sol où les rocs dorment profondément,
Tout s'éveille; un frisson fait remuer la pierre ;
Lourd, ouvrant on ne sait quelle trouble paupière,
Le granit cherche à voir son maître, le rocher
Sent la statue en lui frémir et s'ébaucher,
Le marbre obscur s'émeut dans la nuit infinie
Sous la parenté sombre et sainte du génie,
Et l'albâtre enfoui ne veut plus être noir ;
Le sol tressaille, il sent là-haut l'homme vouloir ;
Et voilà que, sous l'œil de ce passant qui crée,
Des sourdes profondeurs de la terre sacrée,
Tout à coup, étageant ses murs, ses escaliers,
Sa façade et ses rangs d'arches et de piliers,
Fier, blanchissant, cherchant le ciel avec sa cime,
Monte et sort lentement l'édifice sublime,
Composé de la terre et de l'homme, unissant
Ce que dans sa racine a le chêne puissant
Et ce que rêve Euclide aidé de Praxitèle,
Mêlant l'éternel bloc à l'idée immortelle !

Mon frontispice appuie au calme entablement
Ses deux plans lumineux inclinés mollement,
Si doux qu'ils semblent faits pour coucher des déesses;
Parfois, comme un sein nu sous l'or des blondes tresses,
Je me cache parmi les nuages d'azur ;
Trois sculpteurs sur ma frise, un volsque, Albus d'Anxur,

Un mède, Ajax de Suze, un grec, Phtos de Mégare,
Ont ciselé les monts où la meute s'égare,
Et la pudeur sauvage, et les dieux de la paix,
Des Triptolèmes nus parmi les blés épais,
Et des Cérès foulant sous leurs pieds des Bellones;
Cent-vingt-sept rois ont fait mes cent-vingt-sept colonnes;
Je suis l'art radieux, saint, jamais abattu;
Ma symétrie auguste est sœur de la vertu;
Mon resplendissement couvre toute la Grèce;
Le rocher qui me porte est rempli d'allégresse,
Et la ville à mes pieds adore avec ferveur;
Sparte a reçu sa loi de Lycurgue rêveur,
Mantinée a reçu sa loi de Nicodore,
Athènes, qu'un reflet de divinité dore,
De Solon, grand pasteur des hommes convaincus,
La Crète de Minos, Locres de Séleucus,
Moi, le temple, je suis législateur d'Éphèse;
Le peuple en me voyant comprend l'ordre et s'apaise;
Mes degrés sont les mots d'un code, mon fronton
Pense comme Thalès, parle comme Platon,
Mon portique serein, pour l'âme qui sait lire,
A la vibration pensive d'une lyre,
Mon péristyle semble un précepte des cieux;
Toute loi vraie étant un rhythme harmonieux,
Nul homme ne me voit sans qu'un dieu l'avertisse;
Mon austère équilibre enseigne la justice;
Je suis la vérité bâtie en marbre blanc;
Le beau, c'est, ô mortels, le vrai plus ressemblant;

Venez donc à moi, foule, et, sur mes saintes marches,
Mêlez vos cœurs, jetez vos lois, posez vos arches;
Hommes, devenez tous frères en admirant;
Réconciliez-vous devant le pur, le grand,
Le chaste, le divin, le saint, l'impérissable;
Car, ainsi que l'eau coule et comme fuit le sable,
Les ans passent, mais moi je demeure; je suis
Le blanc palais de l'aube et l'autel noir des nuits;
Quand l'aurore apparaît, je ris, doux édifice;
Le soir, l'horreur m'emplit; un sombre sacrifice
Semble en mes profondeurs muettes s'apprêter;
De derrière mon faîte, on voit la nuit monter
Ainsi qu'une fumée avec mille étincelles.
Tous les oiseaux de l'air m'effleurent de leurs ailes,
Hirondelles, faisans, cigognes au long cou;
Mon fronton n'a pas plus la crainte du hibou
Que Calliope n'a la crainte de Minerve.
Tous ceux que Sybaris voluptueuse énerve
N'ont qu'à franchir mon seuil d'austérité vêtu
Pour renaître, étonnés, à la forte vertu;
Sous ma crypte on entend chuchoter la sibylle;
Parfois, troublé soudain dans sa brume immobile,
Le plafond, où des mots de l'ombre sont écrits,
Tremble à l'explosion tragique de ses cris;
Sur ma paroi secrète et terrible, l'augure
Du souriant Olympe entrevoit la figure,
Et voit des mouvements confus et radieux
De visages qui sont les visages des dieux;

De vagues aboiements sous ma voûte se mêlent ;
Et des voix de passants invisibles s'appellent ;
Et le prêtre, épiant mon redoutable mur,
Croit par moments qu'au fond du sanctuaire obscur,
Assise près d'un chien qui sous ses pieds se couche,
La grande chasseresse, éclatante et farouche,
Songe, ayant dans les yeux la lueur des forêts.
O temps, je te défie. Est-ce que tu pourrais
Quelque chose sur moi, l'édifice suprême ?
Un siècle sur un siècle accroît mon diadème ;
J'entends autour de moi les peuples s'écrier :
Tu nous fais admirer et tu nous fais prier ;
Nos fils t'adoreront comme nous t'adorâmes,
Chef-d'œuvre pour les yeux et temple pour les âmes !

II

Une deuxième voix s'éleva ; celle-ci,
Dans l'azur par degrés mollement obscurci,
Parlait non loin d'un fleuve à la farouche plage,
Et cette voix semblait le bruit d'un grand feuillage :

— Gloire à Sémiramis la fatale! Elle mit
Sur ses palais nos fleurs sans nombre où l'air frémit.
Gloire! en l'épouvantant elle éclaira la terre ;
Son lit fut formidable et son cœur solitaire ;
Et la mort avait peur d'elle en la mariant.
La lumière se fit spectre dans l'Orient,
Et fut Sémiramis. Et nous, les arbres sombres
Qui, tandis que les toits s'écroulent en décombres,
Grandissons, rajeunis sans cesse et reverdis,
Nous que sa main posa sur ce sommet jadis,
Nous saluons au fond des nuits cette géante ;
Notre verdure semble une ruche béante
Où viennent s'engouffrer les mille oiseaux du ciel ;
Nos bleus lotus penchés sont des urnes de miel ;
Nos halliers, tout chargés de fleurs rouges et blanches,
Composent, en mêlant confusément leurs branches,
En inondant de gomme et d'ambre leurs sarments,
Tant d'embûches, d'appeaux et de piéges charmants,
Et de filets tressés avec les rameaux frêles,
Que le printemps s'est pris dans cette glu les ailes,
Et rit dans notre cage et ne peut plus partir.
Nos rosiers ont l'air peints de la pourpre de Tyr ;
Nos murs prodigieux ont cent portes de cuivre ;
Avril s'est fait titan pour nous et nous enivre
D'âcres parfums qui font végéter le caillou,
Vivre l'herbe, et qui font penser l'animal fou,
Et qui, quand l'homme vient errer sous nos pilastres,
Font soudain flamboyer ses yeux comme des astres ;

Les autres arbres, fils du silence hideux,
Ont la terre muette et sourde au-dessous d'eux ;
Nous, transplantés dans l'air, plus haut que Babylone
Pleine d'un peuple épais qui roule et tourbillonne,
Et de pas, et de chars par des buffles traînés,
Nous vivons au niveau du nuage, étonnés
D'entendre murmurer des voix sous nos racines ;
Le voyageur qui vient des campagnes voisines
Croit que la grande reine au bras fort, à l'œil sûr,
A volé dans l'éden ces forêts de l'azur.
Le rayon de midi dans nos fraîcheurs s'émousse ;
La lune s'assoupit dans nos chambres de mousse ;
Les paons ouvrent leur queue éblouissante au fond
Des antres que nos fleurs et nos feuillages font ;
Plus d'une nymphe y songe, et dans nos perspectives
Parfois se laissent voir des nudités furtives ;
La ville, nous ayant sur sa tête, va, vient,
Se parle et se répond, querelle, s'entretient,
Travaille, achète, vend, forge, allume ses lampes ;
Le vent, sur nos plateaux et sur nos longues rampes,
Mêle l'horizon vague et les murs et les toits
Et les tours au frisson vertigineux des bois,
Et nos blancs escaliers, nos porches, nos arcades
Flottent dans le nuage écumant des cascades ;
Sous nos abris sacrés, nul bruit ne les troublant,
Vivent le martinet, l'ibis, le héron blanc
Qui porte sur le front deux longues plumes noires ;
L'air ride nos bassins, inquiètes baignoires

Où viennent s'apaiser les pâles voluptés ;
Des bœufs à face humaine, à nos portes sculptés,
Témoignent que Belus est le seul roi du monde ;
A de certains endroits notre ombre est si profonde
Que la nuit en montant aux cieux n'y change rien ;
Nous avons vu grandir le trône assyrien ;
Nos troncs, contemporains des anciens jours de l'homme,
Ont vu le premier arbre et la première pomme,
Et, vieux, ils sont puissants, et leurs antiques fûts
Ont des rameaux si durs, si noueux, si touffus,
Et d'un balancement si noir, que le zéphyre
Épuisé s'y fatigue et ne peut leur suffire ;
Et leur vaste branchage est fait d'un tel granit
Qu'il faudrait l'ouragan pour y bercer un nid.

Gloire à Sémiramis qui posa nos terrasses
Sur des murs que vient battre en vain le flot des races
Et sur des ponts dont l'arche est au-dessus du temps !
Cette reine parfois, sous nos rameaux flottants,
Venait rire entre deux écroulements d'empires ;
Elle abattait au loin les rois moindres ou pires,
Puis s'en allait ayant l'homme jusqu'aux genoux,
Et venait respirer contente parmi nous ;
Gaie, elle se couchait sur des peaux de panthère ;
Quels lieux, quels champs, quels murs, quels palais sur la terre,
Hors nous, ont entendu rire Sémiramis ?
Nous, les arbres hautains, nous étions ses amis ;

Nos taillis ont été les parvis et les salles
Où s'épanouissaient ses fêtes colossales ;
C'est dans nos bras, que n'a jamais touchés la faulx,
Que cette reine a fait ses songes triomphaux ;
Nos parfums ont parfois conseillé des supplices ;
De ses enivrements nos fleurs furent complices ;
Nos sentiers n'ont gardé qu'une trace, son pas.
Fils de Sémiramis, nous ne périrons pas ;
Ce qu'assembla sa main, qui pourrait le disjoindre ?
Nous regardons le siècle après le siècle poindre ;
Nous regardons passer les peuples tour à tour ;
Nous sommes à jamais, et jusqu'au dernier jour,
Jusqu'à ce que l'aurore au front des cieux s'endorme,
Les jardins monstrueux pleins de sa joie énorme.

III

Une troisième voix dit :

— Sésostris est grand ;
Cadmus est sur la terre un homme fulgurant ;
Comme Typhon cent bras, Cyrus a cent batailles ;
Ochus, portant sa hache aux profondes entailles,

Du Taurus fièrement garde l'âpre ravin ;
Hécube est sainte ; Achille est terrible et divin ;
Il semble, après Thésée, Astyage, Alexandre,
Que l'homme trop grandi ne peut plus que descendre ;
La calme majesté revêt Belochus trois ;
Xercès, de Salamine assiégeant les détroits,
Ressemble à l'aquilon des mers ; Penthésilée
A sur son dos la peau d'une bête étoilée,
Et, superbe, apparaît tendant son arc courbé ;
Didon, Sémiramis, Thalestris, Niobé,
Resplendissent parmi les profondeurs sereines ;
Mais entre tous ces rois, entre toutes ces reines,
Reines au sceptre d'or qu'admire un peuple heureux,
Rois vainqueurs ou bénis, se disputant entr'eux
Ces fiers surnoms, le grand, le beau, le fort, le juste,
Artémise est sublime et Mausole est auguste.

Je suis le monument du cœur démesuré ;
La mort n'est plus la mort sous mon dôme azuré ;
Elle est splendide, elle est prospère, elle est vivante ;
Elle a tant de porphyre et d'or qu'elle s'en vante ;
Je suis le deuil triomphe et le tombeau palais ;
Oh ! tant qu'on chantera ce chant : — Oublions-les,
Vivons, soyons heureux ! — aux morts gisant sous terre ;
Tant que les voluptés riront près du mystère ;
Tant qu'on noiera ses deuils dans les vins décevants,
Moi l'édifice sombre et superbe, ô vivants,

Je jetterai mon ombre à vos joyeux visages;
Jusqu'à la fin des ans, jusqu'au terme des âges,
Jusqu'à ce que le temps, las, demande à s'asseoir,
Mes cippes, mes piliers, mes arcs, l'aube et le soir
Découpant sur le ciel mes frontons taciturnes
Où des colosses noirs rêvent, portant des urnes,
Mon bronze glorieux et mon marbre sacré
Diront : Mausole est mort, Artémise a pleuré.

Les siècles, vénérable et triomphante épreuve,
A jamais en passant verront la grande veuve
Assise sur mon seuil, fantôme saint et doux;
Elle attend le moment d'aller, près de l'époux,
Se coucher dans le lit de la noce éternelle;
Elle pare son front d'ache et de fraxinelle,
Et se parfume afin de plaire à son mari;
Elle tient un miroir qui n'a jamais souri,
Et se met des anneaux aux doigts, et sous ses voiles
Peigne ses longs cheveux d'où tombent des étoiles.

IV

Quand cette voix se tut, à Pise, près de là,
Du haut d'une acropole une autre voix parla :

— Je suis l'Olympien, je suis le Musagète ;
Tout ce qui vit, respire, aime, pense et végète,
Végète, pense, vit, aime et respire en moi ;
L'encens monte à mes pieds mêlé d'un vague effroi ;
L'angle de mon sourcil touche à l'axe du monde ;
La tempête me parle avant de troubler l'onde ;
Je dure sans vieillir, j'existe sans souffrir ;
Je ne sais qu'une chose impossible, mourir.
J'ai sur mon front, que l'ombre en reculant adore,
La bandelette bleue et rose de l'aurore.
O mortels effrénés, emportés, hagards, fous,
L'urne des jours me lave en vous noircissant tous ;
A mesure qu'au fond des nuits et sous la voûte
Du temps d'où l'instant suinte et tombe goutte à goutte,
Les siècles, partant l'un après l'autre, s'en vont,
Ainsi que des oiseaux volant sous un plafond,
Hébé plus fraîche rit en mes hautes demeures ;
Ma jeunesse renaît sous le baiser des heures ;
J'empêche, en abaissant mon sceptre lentement
Vers le trou monstrueux plein du triple aboîment,
Cerbère de saisir les astres dans sa gueule ;
La chaîne du destin immuable peut seule
Meurtrir ma main égale à tout l'effort des dieux ;
Mon temple offre son mur au nid mélodieux ;
Et c'est du vol de l'aigle et du vol de la foudre,
C'est du cri de l'enfer tremblant de se dissoudre,

C'est du choc convulsif des croupes des typhons,
C'est du rassemblement des nuages profonds,
Que le vieux Phidias d'Athènes, statuaire,
Composa, dans l'horreur sainte du sanctuaire,
L'immense apaisement de ma sérénité.
Quand, dans le saint pœan par les mondes chanté,
L'harmonie amoindrie avorte ou dégénère,
Je rends le rhythme aux cieux par un coup de tonnerre ;
Mon crâne plein d'échos, plein de lueurs, plein d'yeux,
Est l'antre éblouissant du grand Pan radieux;
En me voyant on croit entendre le murmure
De la ville habitée et de la moisson mûre,
Le bruit du gouffre au chant de l'azur réuni,
L'onde sur l'océan, le vent dans l'infini,
Et le frémissement des deux ailes du cygne ;
On sent qu'il suffirait à Jupiter d'un signe
Pour mêler sur le front des hommes le chaos;
Que seul je mets la bride aux bouches des fléaux,
Que l'abîme est mon hydre, et que je pourrais faire
Heurter le pôle au pôle et l'étoile à la sphère,
Et rouler à flots noirs les nuits sur les clartés,
Et s'entre-regarder les dieux épouvantés,
Plus aisément qu'un pâtre au flanc hâlé ne jette
Une pierre aux chevreaux broutant sur le Taygète.

V

Les nuages erraient dans les souffles des airs,
Et la cinquième voix monta du bord des mers :

— Sostrate Gnidien regardait les étoiles.
De la tente des cieux dorant les larges toiles,
Elles resplendissaient dans le nocturne azur ;
Leur rayonnement calme emplissait l'éther pur
Où le soir le grand char du soleil roule et sombre ;
Elles croisaient, au fond des clairs plafonds de l'ombre
Où le jour met sa pourpre et la nuit ses airains,
Leurs chœurs harmonieux et leurs groupes sereins ;
Le sinistre océan grondait au-dessous d'elles ;
L'onde à coups de nageoire et les vents à coups d'ailes
Luttaient, et l'âpre houle et le rude aquilon
S'attaquaient dans un blême et fauve tourbillon ;
Éole fou prenait aux cheveux Neptune ivre ;
Et c'était la pitié du songeur que de suivre
Les pauvres nautoniers de son œil soucieux ;
Partout piége et naufrage ; il tombait de ces cieux

Sur l'esquif et la barque et les fortes trirèmes
Une foule d'instants terribles ou suprêmes ;
Et pas une clarté pour dire : Ici le port!
Le gouffre, redoublant de tourmente et d'effort,
Vomissait sur les nefs, d'horreur exténuées,
Toute son épouvante et toutes ses nuées ;
Et les brusques écueils surgissaient ; et comment
S'enfuir dans ce farouche et noir déchirement?
Et les marins perdus se courbaient sous l'orage ;
La mort leur laissait voir, comme un dernier mirage,
La terre s'éclipsant derrière les agrès,
Les maisons, les foyers pleins de tant de regrets,
Des fantômes d'enfants à genoux, et des rêves
De femmes se tordant les bras le long des grèves ;
On entendait crier de lamentables voix :
— Adieu, terre ! patrie, adieu ! collines, bois,
Village où je suis né! vallée où nous vécûmes!... —
Et tout s'engloutissait dans de vastes écumes,
Tout mourait ; puis le calme, ainsi que le jour naît,
Presque coupable et presque infâme, revenait ;
Le ciel, l'onde, achevaient en concert leur mêlée ;
L'hydre verte laissait luire l'hydre étoilée ;
L'océan se mettait, plein de morts, teint de sang,
A gazouiller ainsi qu'un enfant innocent ;
Cependant l'algue allait et venait dans les chambres
Des navires roulant au fond de l'eau leurs membres ;
Les bâtiments noyés rampaient au plus profond
 Des flots qui savent seuls dans l'ombre ce qu'ils font.

Tristes esquifs partis, croyant aux providences !
Et les sphères menaient dans le ciel bleu leurs danses ;
Et, n'ayant pu montrer ni le port ni l'écueil,
Ni préserver la nef de devenir cercueil,
Les constellations, jetant leur lueur pâle
Jusqu'au lit ténébreux de la grande eau fatale,
Et sous l'onde, et parmi les effrayants roseaux,
Dessinant la figure obscure des vaisseaux,
Poupes et mâts, débris des sapins et des ormes,
Éclairaient vaguement ces squelettes difformes,
Et faisaient sous l'écume, au fond du gouffre amer,
Rire aux dépens des dieux les monstres de la mer.
Les morts flottaient sous l'eau qui jamais ne s'arrête,
Et par moments, levant hors de l'onde la tête,
Ils semblaient adresser, dans leurs vagues réveils,
Une question sombre et terrible aux soleils.

C'est alors que, des flots dorant les sombres cimes,
Voulant sauver l'honneur des Jupiters sublimes,
Voulant montrer l'asile aux matelots, rêvant
Dans son Alexandrie, à l'épreuve du vent,
La haute majesté d'un phare inébranlable
A la solidité des montagnes semblable,
Présent jusqu'à la fin des siècles sur la mer,
Avec du jaspe, avec du marbre, avec du fer,
Avec les durs granits taillés en tétraèdres,
Avec le roc des monts, avec le bois des cèdres,

Et le feu qu'un titan a presque osé créer,
Sostrate Gnidien me fit, pour suppléer,
Sur les eaux, dans les nuits fécondes en désastres,
A l'inutilité magnifique des astres.

VI

Et ceci dans l'espace était à peine dit
Qu'une voix du côté de Rhodes s'entendit :

— Mon nom, Lux; ma hauteur, soixante-dix coudées;
Ma fonction, veiller sur les mers débordées ;
Le vrai phare, c'est moi.

                      Rhode est sous mon orteil.
Devant la fixité de mes yeux sans sommeil,
L'hiver blanchit les monts où le milan séjourne,
Le zodiaque vaste et formidable tourne,
L'homme vit, l'océan roule, les matelots
Débarquent sur le quai les sacs et les ballots,

Le jour luit, l'ouragan s'endort ou s'exaspère,
Et, gardien de l'eau bleue en son brumeux repaire,
Sentinelle que nul ne viendra relever,
Je regarde la nuit venir, l'aube arriver,
La voile fuir, le flot hurler comme un molosse,
Avec la rêverie immense du colosse.

O tristes mers, l'airain c'est l'immobilité ;
L'airain, ô large gouffre à jamais agité,
C'est la victoire ; il sort de la forge géante ;
Il a Vulcain pour père, ou Lysippe, ou Cléanthe,
Ou Phidias ; il sort, fier, vivant ; après quoi,
Il monte au piédestal comme à son trône un roi,
Et s'empare du temps et de la solitude ;
Et l'airain, c'est le calme, ô vaste inquiétude

Lui l'immuable, il fut à son heure orageux ;
Dans tes fixes écueils, dans tes rapides jeux,
Tu ne lui montres rien, ô mer, qu'il ne connaisse ;
Il t'égale en durée, il t'égale en jeunesse ;
Il a rongé la cuve ainsi que toi les ports ;
Étant le bronze, il est rocher comme tes bords,
Et flot comme ton onde, ayant été la lave.
Il est du piédestal le triomphal esclave,
Et le piédestal morne et soumis est son chien.

Le ciel auteur de tout, du mal comme du bien,
Amalgame, construit, veut, rejette, préfère,
Et seul crée, et seul fait ce que l'homme croit faire ;
Le ciel, — sans demander si c'est à l'immortel
Ou si c'est au tyran qu'on élève un autel,
Sans s'informer à qui la foule prostitue
Ou consacre l'airain, le marbre, la statue, —
Anime l'ouvrier, fondeur ou forgeron,
Et sur le moule obscur, béant comme un clairon,
Où l'artiste sculpta Cécrops ou Polyphonte,
Penche et fait basculer les chaudières de fonte ;
Eh bien, ce ciel sacré, pur, jamais endormi,
Qui donne au combattant le cheval pour ami,
Au laboureur le bœuf ruminant dans l'étable,
O mer, c'est lui qui veut que, saint et respectable,
Le bronze soit formé d'or, de cuivre et d'étain ;
Comme un sage, envoyé pour vaincre le destin,
Étant la souveraine et grande conscience,
Est composé de foi, d'honneur, de patience ;
L'un affronte les ans, et l'autre les bourreaux ;
Et le ciel fait l'airain comme il fait le héros.

C'est ainsi que je fus créé comme un athlète ;
Aujourd'hui ta colère énorme me complète,
O mer, et je suis grand sur mon socle divin
De toute ta grandeur rongeant mes pieds en vain ;

Nu, fort, le front plongé dans un gouffre de brume,
Enveloppé de bruit et de grêle et d'écume
Et de nuit et de vents qui se heurtent entr'eux,
Je dresse mes deux bras vers l'éther ténébreux,
Comme si j'appelais à mon aide l'aurore ;
Mais il se tromperait s'il croit que je l'implore,
Le matin passager et court du jour changeant ;
Le soleil large et chaud et la lune d'argent
Pour mon sourcil profond ne sont que des fantômes ;
L'étincelle des cieux, l'étincelle des chaumes,
Étoile ou paille, sont pour moi de la lueur ;
La goutte de l'orage est ma seule sueur ;
Je ne suis jamais las ; et, sans que je me courbe,
Vainqueur, je sens frémir sous moi l'abîme fourbe.
Parfois l'aigle, évadé du désert nubien,
Au-dessus de mon front plane, et me dit : C'est bien.
Stable, plus que le gouffre éternel mais mobile,
Plus que les peuples, plus que l'astre, plus que l'île,
Je regarde errer l'eau, l'ombre, l'homme, et Délos ;
J'ai sous mes yeux l'amas mystérieux des flots,
Image des humains, des songes et des nombres ;
Le vaisseau convulsif passe entre mes pieds sombres ;
Le mât frissonnant bat ma cuisse ou mon genou ;
Et l'on voit s'engouffrer, fuyant l'aquilon fou,
Sous l'arc prodigieux de mes jambes ouvertes,
La flotte qui revient du fond des ondes vertes.
Ma droite élève au loin sur ma tête un flambeau ;
La tempête, vautour, le naufrage, corbeau,

Viennent autour de moi s'abattre, et mon visage
Les effraie, et devient sévère à leur passage ;
Le salut me connaît, moi le grand chandelier,
Ainsi que le chameau connaît le chamelier,
Le char Automédon et l'esquif Palinure ;
De même que la scie agrandit la rainure,
La proue en me voyant fend l'eau plus fièrement ;
Comme une fille craint son redoutable amant,
La mer au sein lascif, cette prostituée,
A peur de m'apporter quelque barque tuée ;
Et le flot, dont le pli roule un pauvre nocher,
En s'approchant de moi, tâche de le cacher ;
Je suis le dieu cherché par tout ce qui chancelle
Sur le frémissement de l'onde universelle ;
Le naufragé m'invoque en embrassant l'écueil ;
La nuit je suis cyclope, et le phare est mon œil ;
Rouge comme la peau d'un taureau qu'on écorche,
La ville semble un rêve aux lueurs de ma torche ;
Pour les marins perdus, c'est l'aurore qui point ;
Et je règne ; et le gouffre inquiet ne sait point
S'il doit japper de joie ou rugir de colère
Quand, jusqu'aux profondeurs les plus mornes, j'éclaire
L'immense tremblement de l'horizon confus.

Tais-toi, mer ! Je serai toujours ce que je fus.
Car il ne se peut pas qu'en ma sombre aventure
J'aie à combattre rien dans toute la nature

De plus fort que ton flot terrible dont je ris;
Car il ne se peut pas, ô gouffre aux tristes cris,
Qu'après avoir fondu les briques des fournaises,
Après s'être roulé sur la pourpre des braises,
Après avoir lassé les soufflets haletants,
Mon fauve airain soit tendre aux morsures du temps;
Que moi qui brave, roi des vagues éblouies,
Le ruissellement vaste et farouche des pluies,
Moi qui l'été, l'hiver, me dresse, sans savoir
Si la bourrasque est dure et si l'orage est noir,
Qui vois l'éclair à peine, ayant pour ordinaire
D'émousser sur ma peau de bronze le tonnerre,
Je sois vaincu, détruit, aboli, ruiné,
Par l'heure, égratignure au sein blanc de Phryné;
Que jamais rien m'ébranle, et que, parce qu'il passe
Des astres au zénith, des zéphyrs dans l'espace,
Mes muscles, enviés par le granit souvent,
Se déforment ainsi qu'une nuée au vent;
Et qu'une vaine année arrivant acharnée,
Et rapide, et prodigue, après une autre année,
Une saison venant après une saison,
Janvier remplaçant mai dans le vague horizon,
En soufflant sur les nids et sur les fleurs, dissipe
L'ouvrage de Charès, élève de Lysippe.

Je suis là pour jamais; lève les yeux et vois
Sur ton front le colosse, ô mer aux rudes voix!

Que m'importe ! rugis, tonne, éclabousse, gronde,
Je suis enraciné dans le crâne du monde,
Comme le mont Ossa, comme le mont Athos ;
Et la seule statue ayant deux piédestaux,
C'est moi ; je brave Hadès et je vaincrai Saturne ;
On m'a nommé Soleil, mais le bronze est nocturne ;
Vulcain forgea de l'ombre et fit l'airain ; j'ai beau
Jeter sur l'océan le frisson d'un flambeau,
J'ai beau porter au poing une flamme qui guide
L'homme, battu des mers, dans cette nuit liquide,
Autour de moi, sur l'île et sur l'eau, clair miroir,
L'aube a beau resplendir, je suis le géant noir ;
J'ai la durée obscure et lourde des ténèbres ;
Je sens l'énigme en moi liée à mes vertèbres,
Et Pan mystérieux met sa force en mes reins ;
Je vis ; les ténébreux sont aussi les sereins ;
Puissant, je suis tranquille ; et la terre âpre ou blonde,
Le bouleversement tumultueux de l'onde,
Les races succédant aux races, les tribus
Et les peuples changeant de lois, de mœurs, de buts,
La transformation lente des destinées,
La déroute effarée et sombre des années,
Tous les êtres du globe ou du bleu firmament,
Entrant, sortant, flottant, surgissant, s'abîmant,
Sur mon front, qui domine et la vague et la plage,
Sont de la vision, mais ne sont pas de l'âge ;
Les siècles sont pour moi, colosse, des instants ;
Et, tant qu'il coulera des jours des mains du temps,

Tant que poussera l'herbe et tant que vivra l'homme,
Tant que les chars pesants et les bêtes de somme
Marcheront sur la plaine, usant les durs pavés,
Mes deux pieds écartés et mes deux bras levés,
Devant la mer qui vient, s'enfle, approche et recule,
Devant l'astre, devant le pâle crépuscule,
Sembleront au passant vers ces rochers venu
Le grand X de la nuit debout dans l'inconnu.

VII

Et, comme dans un chœur les strophes s'accélèrent,
Toutes ces voix dans l'ombre obscure se mêlèrent.
Les jardins de Bélus répétèrent : — Les jours
Nous versent les rayons, les parfums, les amours;
Le printemps immortel, c'est nous, nous seuls; nous sommes
La joie épanouie en roses sur les hommes. —
Le mausolée altier dit : — Je suis la douleur;
Je suis le marbre, auguste en sa sainte pâleur;
Cieux! je suis le grand trône et le grand mausolée;
Contemplez-moi. Je pleure une larme étoilée.

— La sagesse, c'est moi, dit le phare marin ;
— Je suis la force, dit le colosse d'airain ;
Et l'olympien dit : — Moi, je suis la puissance.
Et le temple d'Éphèse, autel que l'âme encense,
Fronton qu'adore l'art, dit : — Je suis la beauté.
— Et moi, cria Chéops, je suis l'éternité.

Et je vis, à travers le crépuscule humide,
Apparaître la haute et sombre pyramide.

Superposant au fond des espaces béants
Les mille angles confus de ses degrés géants,
Elle se dressait, blême et terrible, étagée
De plus de plis brumeux que l'âpre mer Égée,
Et sur ses flots, jamais par le vent secoués,
Avait au lieu d'esquifs les siècles échoués.
Elle était là, montagne humaine ; et sa stature,
Monstrueuse, donnait du trouble à la nature ;
Son vaste cône d'ombre éclipsait l'horizon ;
Les troupeaux des vapeurs lui laissaient leur toison ;
Le désert sous sa base était comme une table ;
Elle montait aux cieux, escalier redoutable
D'on ne sait quelle entrée étrange de la nuit ;
Son bloc fatal semblait de ténèbres construit ;
Derrière elle, au milieu des palmiers et des sables,

On en voyait surgir deux autres, formidables ;
Mais, comme les coteaux devant le Pélion,
Comme les lionceaux à côté du lion,
Elles restaient en bas, et ces deux pyramides
Semblaient près de Chéops petites et timides ;
Au-dessus de Chéops planaient, allant, venant,
Jetant parfois de l'ombre à tout un continent,
Des aigles effrayants ayant la forme humaine ;
Et des foules sans nom éparses dans la plaine,
Dans de vagues cités dont on voyait les tours,
S'écriaient, chaque fois qu'un de ces noirs vautours
Passait, hérissé, fauve et sanglant, dans la bise :
— Voilà Cyrus ! Voilà Rhamsès ! Voilà Cambyse ! —
Et ces spectres ailés secouaient dans les airs
Des lambeaux flamboyants de lumière et d'éclairs,
Comme si, dans les cieux, faisant à Dieu la guerre,
Ils avaient arraché des haillons au tonnerre.
Chéops les regardait passer sans s'émouvoir.
Un brouillard la cachait tout en la laissant voir ;
L'obscure histoire était sur ses marches gravée ;
Les sphinx dans ses caveaux déposaient leur couvée ;
Les ans fuyaient, les vents soufflaient ; le monument
Méditait, immobile et triste, et, par moment,
Toute l'humanité, comme une fourmilière,
Satrape au sceptre d'or, prêtre au thyrse de lierre,
Rois, peuples, légions, combats, trônes croulants,
Était subitement visible sur ses flancs
Dans quelque déchirure immense des nuées.

Tout flottait sur sa base en ombres dénouées ;
Et Chéops répéta : — Je suis l'éternité.

Ainsi parlent, le soir, dans la molle clarté,
Ces monuments, les sept étonnements de l'homme.

La nuit vient, et s'étend d'Elinunte à Sodome,
Ouvrant son aile où vont s'endormir tour à tour
L'onde avec son rocher, la ville avec sa tour ;
Elle élargit sa brume où le silence pèse ;
Les voix et les rumeurs expirent ; tout s'apaise,
Tout bruit s'éteint, à Rhode, en Élide, au Delta,
Tout cesse.

Alors le ver du sépulcre chanta :

*

Je suis le ver. Je suis fange et cendre. O ténèbres,
Je règne. Monuments, entassements célèbres,
   Panthéons, Rhamséïons,
Façades de l'immense orgueil humain, si fières,
Que l'homme devant vous doute s'il voit des pierres
   Ou s'il voit des rayons,

Sanctuaires chargés d'astres et d'empyrées,
Splendides profondeurs de colonnes dorées,
   Vaste enceinte d'Assur,
Mur où Nemrod cloua l'hippanthrope Phœanthe,
Et dont la ronde tour, sous les oiseaux béante,
   Leur semble un puits obscur,

Terrasses de Theglath, avec vos avenues
Augustes par deux rangs de sphinx aux gorges nues,
   Cirque d'Anthrops-le-Noir
Si beau que, résistant à l'heure qui s'arrête,
Les chevaux du soleil, cabrés, baissent la tête
   Pour tâcher de te voir!

Jardins, frontons ailés aux larges envergures,
Portiques, piédestaux qui portez des figures
        Au geste souverain,
Et qui, du haut des caps que votre masse encombre,
Ajoutez à la mer vaste et sinistre l'ombre
        Des déesses d'airain,

Acropole où l'on vient des confins de la terre,
Tour du Bœuf, où Jason, raillant le Sagittaire,
        Vint sonner du buccin,
Qui fais aux voyageurs, vains comme les abeilles
Et vivants par leurs yeux avides de merveilles,
        Braver le Pont-Euxin,

O temple Acrocéraune, ô pilier d'Érythrée,
Fiers de votre archipel, car c'est la mer sacrée,
        La mer où luit Pylos,
Ses vagues ont noyé la horde massagète,
Et, comme le vent vient de la montagne, il jette
        Des plumes d'aigle aux flots,

Chéops bâtie avec un art épouvantable,
Si terrible qu'à l'heure où, couché dans l'étable,
        Le chien n'ose gronder,

Sirius, devant qui toute étoile s'efface,
Est forcé de tourner vers toi sa sombre face
    Et de te regarder!

Édifices! montez, et montez davantage.
Superposez l'étage et l'étage à l'étage,
    Et le dôme aux cités;
Montez; sous votre base écrasez les campagnes;
Plus haut que les forêts, plus haut que les montagnes,
    Montez, montez, montez!

Soyez comme Babel, âpre, indignée, austère,
Cette tour qui voudrait échapper à la terre,
    Et qui dans les cieux fuit.
Montez. A l'archivolte ajoutez l'architrave.
Encor! Encor! Mettez le palais sur la cave,
    Le néant sur la nuit!

Montez dans le nuage, étant de la fumée!
Montez, toi sur l'Égypte, et toi sur l'Idumée,
    Toi, sur le mont Caspé!
Pleurez avec le deuil, chantez avec la noce.
Va noircir le zénith, flamme que le colosse
    Tient dans son poing crispé.

Ne vous arrêtez pas. Montez! montez encore!
Moi je rampe, et j'attends. Du couchant, de l'aurore
    Et du sud et du nord,
Tout vient à moi, le fait, l'être, la chose triste,
La chose heureuse; et seul je vis, et seul j'existe,
    Puisque je suis la mort.

La ruine est promise à tout ce qui s'élève.
Vous ne faites, palais qui croissez comme un rêve,
    Frontons au dur ciment,
Que mettre un peu plus haut mon tas de nourriture,
Et que rendre plus grand, par plus d'architecture,
    Le sombre écroulement.

TABLE

TABLE

DU TOME PREMIER

La vision d'où est sorti ce livre I

LA LÉGENDE DES SIÈCLES

I

LA TERRE

La terre. — Hymne............................ 5

II

SUPRÉMATIE

Suprématie.................................... 15

III

ENTRE GÉANTS ET DIEUX

Le géant, aux dieux............................ 27
Les temps paniques 34
Le titan....................................... 37

    i. Sur l'Olympe............................. 37
    ii. Sous l'Olympe............................ 43
    iii. Ce que les géants sont devenus........... 45
    iv. L'effort................................. 48
    v. Le dedans de la terre..................... 51
    vi. La découverte du titan................... 54

IV

LA VILLE DISPARUE

La ville disparue 63

V

APRÈS LES DIEUX, LES ROIS

I

DE MESA A ATTILA

Inscription 74

TABLE.

Cassandre	75
Les trois cents	79
i. L'Asie	79
ii. Le dénombrement	81
iii. La garde	85
iv. Le roi	87
Le détroit de l'Euripe	94
La chanson de Sophocle a Salamine	97
Les bannis	101
Aide offerte a Majorien, prétendant a l'empire	105

V

APRÈS LES DIEUX, LES ROIS

II

DE RAMIRE A COSME DE MÉDICIS.

L'hydre	115
Le romancero du Cid	117
i. L'entrée du roi	117
ii. Souvenir de Chimène	119

III. Le roi jaloux	121
IV. Le roi ingrat	122
V. Le roi défiant	124
VI. Le roi abject	127
VII. Le roi fourbe	130
VIII. Le roi voleur	132
IX. Le roi soudard	134
X. Le roi couard	137
XI. Le roi moqueur	140
XII. Le roi méchant	141
XIII. Le Cid fidèle	144
XIV. Le Cid honnête	146
XV. Le roi est le roi	150
XVI. Le Cid est le Cid	153
LE ROI DE PERSE	159
LES DEUX MENDIANTS	161
MONTFAUCON	163
I. Pour les oiseaux	163
II. Pour les idées	167
LES REITRES. — Chanson barbare	173
LE COMTE FÉLIBIEN	177

VI

ENTRE LIONS ET ROIS

QUELQU'UN MET LE HOLA	185

VII

LE CID EXILÉ

Le cid exilé 191

VIII

WELF, CASTELLAN D'OSBOR

Welf, castellan d'osbor 211

IX

AVERTISSEMENTS ET CHATIMENTS

Le travail des captifs........................... 249
Homo duplex 253
Verset du koran.................................... 255
L'aigle du casque................................. 257

X

LES SEPT MERVEILLES DU MONDE

Les sept merveilles du monde 281

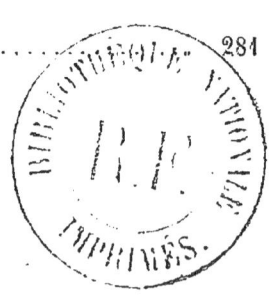

www.ingramcontent.com/pod-product-compliance
Lightning Source LLC
Chambersburg PA
CBHW060323170426
43202CB00014B/2647